이기는 보수
28년 성패를 꿰뚫는 보수 혁신 로드맵

조
정
훈

목차

프롤로그   5

Part 1. 패배

1장. 28년의 궤적 - 보수의 영광과 추락   17
2장. 숫자가 말해주는 28년의 진실   39
3장. 보수정당 패배 패턴   69

Part 2. 교훈

4장. 보수정당 승리 공식   93
5장. 성공과 실패의 조건   129
6장. 민주당 벤치마킹   159

Part 3. 재건

7장. 보수정당 부활의 법칙   183
8장. 2025년 패배의 원인과 교훈   217
9장. 보수 혁신 로드맵   251

에필로그   294

프롤로그

왜 '또' 졌는가

2025년 6월 3일 밤 10시, 개표 방송 자막의 숫자가 바뀔 때마다 내 심장은 바닥으로 곤두박질쳤다. 결국 김문수 후보는 이재명 후보에게 8.27%포인트 차이로 패배했고, 나는 끝내 외면해 온 질문과 직면했다. "과연 나는 이 패배를 막기 위해 무엇을 했는가?"

답은 차갑고 간결했다. 아무것도 하지 못했다. 오히려 '혁신'이라는 이름으로 갈등을 증폭시켰고, '정부 성공'이란 명분으로 매달리다 실패의 한 축이 되었다. 패배의 책임이 남이 아니라 내 몫임을 인정하는 순간, 지난 시간이 파노라마처럼 스쳐 지나갔다.

시간을 거슬러 2020년 3월로 가보자. 나는 '시대전환'이라는 정당을 창당하며, 세계은행에서 15년간 축적한 정치·경제 시스템 분석 경험을 바탕으로 한국 정치의 낡은 관행을 바꾸겠다고 선언했다. 그러나 이상(理想)의 언어로 현실을 설득하기란 생각보다 훨씬 더 냉혹했다. 거대 양당의 벽, 언론의 무심함, 그리고 국민의 정치 피로감 앞에서 내 확신은 '오만'으로 드러났다.

그 한계를 절실히 깨달은 순간이 2023년 말이었다. 22대 총선을 앞두고 진영 논리는 극단으로 치닫고, 다수당의 일방주의는 더욱 노골화됐다. "소수 정당만으로는 꿈을 현실로 만들 수 없다"는 냉엄한 현실이 거울처럼 내 앞에 세워졌다. 이상은 필요하지만, 실질적 변화를 만들기 위해서는 더 큰 틀―제도와 연대―로 들어가야 했다.

그 결과로 선택한 것이 국민의힘이었다. 단순히 다수당의 횡포에 맞서기 위한 방어막이 아니라, 대한민국이 직면한 복합 위기를 풀어낼 실질적 플랫폼이 필요했기 때문이다. 경제 성장 둔화, 사회 갈등 심화, 안보 불안정―이 거대한 과제를 해결하려면 보수정당이 지켜온 핵심 가치, 곧 자유시장 경제의 역동성, 법치주의가 주는 사회 안정, 튼튼한 안보와 질서, 그리고 노력과 책임이 정당하게 보상받는 시스템이 반드시 필요하다고 믿었다. 이제 그 가치들을 현실 정치 안에서 작동시키는 데 남은 모든 에너지를 걸어보려 했다.

합당은 마지막 기회라 생각했다. 진심으로 이 당의 엔진이 되고 싶었다. 낡은 계파 정치를 넘어, 진정한 보수의 철학과 비전을 국민에게 전하고 싶었다. 합당 직후에는, 정말 변화를 이끌어낼 수 있을 것이라 믿었다.

하지만 현실은 냉혹했다. 당에 들어오고 보니, 꿈꾸던 '혁신의 엔진' 역할과는 거리가 멀었다. 눈앞의 과제들을 처리하느라 하루가 다 갔다. 각종 위원회 활동, 끝없는 정책 협의, 반복되는 정치 업무 속에서, 정작 당을 근본적으로 바꾸겠다는 초심은 자취를 감췄다. 솔직히 말해, 당내 복잡한 이해관계와 관행 앞에서 조금씩 위축되었다.

결정적 실패는 총선백서 위원장을 맡으면서 찾아왔다. 22대 총선 이후 당의 패인을 분석하고 미래 전략을 제시하는 중차대한 임무였다. 너무 이른 감이 있었지만, 이 일로 당을 변화시킬 수 있으리라 믿었다. 객관적이고 냉철한 분석으로 당내 기득권의 벽을 허물고 변화의 동력을 만들 수 있을 거라 생각했다. 치명적 착각이었다.

'혁신'이라는 명분에 취해 있었다. 과거의 잘못을 파헤치고 책임자를 특정하고, 구체적 개선 방안을 제시하는 것이 당의 미래라고 믿었다. 하지만 그 과정에서 계파 간의 상처는 더 깊어졌다. 화합과 통합의 도구가 되어야 할 백서가, 오히려 분열의 불씨가 되었다. '객관적 분석가'가 아니라 정치적 이해관계의 당사자였다. 그 사실을 망각했고 외면했다.

또한 윤석열 정부와의 관계에서 '국민을 위한 일'이라는 명분으로 정부 정책을 뒷받침했다. 정부가 성공해야 국민이 행복하다는 단순한 믿음 때문이었다. 하지만 그 과정에서 정부 정책의 문제점을 제대로 견제하지 못했고, 결국 국민의 기대를 저버리는 데 일조했다.

특히 2024년 12월 3일, '비상계엄 선포'라는 전대미문의 헌정 위기 앞에서 나는 침묵했다. 이것이 명백한 헌법 위반, 민주주의에 대한 정면 도전임을 알고 있었지만, 당의 공식 입장과 개인적 신념, 정치적 계산과 원칙적 판단 사이에서 길을 찾지 못했다.

그리고 그 침묵은 곧바로 숫자로 증명됐다. 1997년부터 2025년까지 한국 보수정당의 성적표는 대통령 선거 3승 4패, 국회의원 총선 3승 4패—승률 고작 42%. 승리와 패배를 가르는 분기점을 읽어내지 못한 우리의 우유부단함, 그리고 내가 놓친 그 한 번 한 번의 선택이 이 참담한 통계 속에 켜켜이 쌓여 있었다.

그 패배에는 세 가지 치명적 패턴이 있었다. 첫째, 도덕성의 치명적 위기다. 1997년 병역 논란, 2017년 박근혜-최순실 사태, 2024년 윤석열 정부의 비상계엄 파동. 보수는 '질서와 도덕'을 표방하기에 더 엄격한 잣대를 받는다. 같은 실수라도 보수에게는 '위선'이라는 치명적 낙인이 찍힌다. 이런 위기의 순간들에서 과연 보수는 도덕적 리더십을 보여주었는가? 때로는 변명하고 때로는 침묵하지 않았는가? 명확한 선악 구분 대신 정치적 셈법을 우선하지 않았는가? 이것이 바로 보수가 국민의 신뢰를 잃은 이유였다.

둘째, 끝없는 계파 갈등의 악순환이다. 친이 대 친박, 친박 대 비박, 친윤 대 비윤. 내부 분열은 언제나 외부의 적보다 더 큰 상처를 남겼다. 가장 쓰라린 것은 내가 이 계파 정치의 한계에서 완전히 자유롭지 못했다는 사실이다. 합리적 판단보다는 소속감이, 원칙보다는 현실 정치의 논리가 앞섰던 순간들이 분명 있었다. 국민은 분열된 정당에 국가를 맡기지 않는다는 명백한 진실을 알면서도, 당내 정치의 현실 앞에서 흔들렸다.

셋째, 형식만 남은 껍데기 개혁이다. 한나라당에서 새누리당으로, 새누리당에서 자유한국당으로, 자유한국당에서 미래통합당으로, 미래통합당에서 국민의힘으로 당명만 바뀌었을 뿐 본질은 그대로였다. 지도부 교체, 혁신위원회 설치, 새로운 슬로건 제시. 매번 '쇄신'을 외쳤지만 국민의 눈에는 똑같은 얼굴들이 똑같은 말을 반복하는 것으로 보였다. 더 심각한 것은 이런 형식적 개혁이 오히려 진정한 변화를 가로막았다는 점이다. 겉모습을 바꾸는 데 에너지를 쏟느라 정작 내용의 혁신은 소홀했다. 나 역시 이런 개혁 놀이에 일조했다.

하지만 절망만 있었던 것은 아니다. 우리는 승리의 경험도

가지고 있다. 2007년 이명박은 '경제대통령'이라는 명확하고 강력한 메시지로 국민의 갈망을 꿰뚫었다. 2012년 박근혜는 '경제민주화'라는 화두로 중도층을 포용해 보수연합을 넓혔다. 2022년 윤석열은 정권교체의 열망을 정확히 읽어냈다.

승리에는 단순하지만 위력적인 방정식이 숨어 있었다. 명확한 메시지 × 국민적 공감 × 통합된 조직력 = 승리.

나는 '정부가 잘 되어야 국민이 행복하다'는 믿음 하나로 입법·정책 협력에 매진했다. 그러나 결과적으로 국민의 기대를 채우지 못했고, 내 선의가 오히려 당과 국민에게 부담이었을지도 모른다는 자책에 잠 못 이루는 밤이 많았다. 과연 내 판단이 옳았을까, 혹시 내 욕심이나 안일함이 섞여 있지는 않았을까.

이에 대한 책임을 무겁게 통감한다. 이 뼈아픈 성찰은 결코 나를 변명하지 않는다. 오히려 정당의 미래를 제대로 설계하라는 냉혹한 명령일 뿐이다. 미래를 '친 누군가'나 '반 누군가'로 갈라 세울 수는 없다. 승리 전략의 주어는 계파가 아니라 국민이라는 사실을 절감했다.

그래서 이 책은 패배를 기록하는 참회록에만 머물지 않는다. 먼저 내 한계와 실패를 맨눈으로 직시한 뒤, 그 폐허 위에 승리를 설계할 '재건 매뉴얼'을 세우려 한다. 지난 5년간의 정치 경험이 내게 가르쳐 준 단 하나의 진실—국민의 눈높이는 언제나 정치보다 높다. 정치는 그 눈높이에 닿기까지의 고된 순례이며, 나 또한 그 순례의 길에 다시 서겠다는 결심을 굳혔다.

이 결심에 불을 붙인 사례가 영국 보수당의 재탄생이다. 1997년, 토니 블레어에게 참패한 뒤 보수당은 13년의 야당 생활을 견디며 뼈를 깎는 변화를 추진했다. 데이비드 캐머런은 '따뜻한 보수(compassionate conservatism)'라는 새 철학을 앞세워 환경·사회적 약자·다양성이라는 신가치를 과감히 품었다. 보수가 스스로를 확장했을 때, 2010년 정권 교체라는 기적이 가능했다. 바로 그 지점—근본적 변화만이 승리를 만든다는 사실—이 우리에게도 유효한 교훈이다.

그렇다. 21세기 보수는 국경도, 세대도, 관념의 벽도 넘어야 한다. 질서-공정-책임이라는 고전적 보수 가치에 디지털 혁신-다양성 포용-복지 확충을 더한다면, '보수 3.0' 시대의 첫 승리는 한국에서 시작될 수 있다. 보수는 결코 쉽게 무너지지 않는다. 넘어져도 다시 일어서는 회복탄력성이 보수의 본질이다. 이제 우리는, 그리고 나는 마지막 선택의 기로에 서 있다. 같은 실수를 반복하며 영원한 야당으로 남을 것인가, 아니면 뼈를 깎는 변화로 국민의 신뢰를 되찾을 것인가.

이 책은 마지막 기회의 설계도다. 더는 물러설 길도, 변명할 자리도 없다는 사실을 낮은 마음으로 고백한다. 나와 우리 모두의 미비함을 끝까지 들여다보고, 되풀이된 패배의 사슬을 끊어 승리의 원칙을 되살릴 방도를 담았다. 다시 이기는 데 머무르지 않고, 오래도록 책임을 다하는 보수정당을 세우려면 무엇을 바꿔야 하는지, 냉엄한 현실 진단과 세심한 실행 로드맵으로 풀어냈다.

본문 곳곳에는 다소 거칠게 읽힐 표현도 있다. 그 모든 언어는 당을 살리고자 하는 절박한 충정에서 나온 절실한 목소리임을 헤아려 주시길 바란다. 넉넉한 이해를 구하며, 한없이 낮은 자세로 무거운 책임을 함께 짊어지고자 한다. 이제 성찰을 행동으로 옮길 시간이다.

Part I. 패배

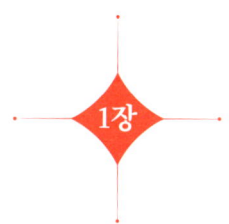

28년의 궤적—보수의 영광과 추락

28년. 긴 시간이다. 우리는 그 세월 동안 롤러코스터를 탔다. 절망의 나락에 떨어졌다가, 희망의 정상에 올랐고, 다시 추락과 재기의 순환을 반복했다. 불사조처럼 일어섰지만, 언제나 같은 방식으로 무너졌다. 그때마다 말했다. 이번엔 다르다고. 하지만 결국, 같은 실수를 되풀이했다.

2017년, 박근혜 전 대통령의 탄핵 이후 우리는 위기를 맞을 때마다 당명을 바꾸고, 새로운 얼굴을 내세웠다. 그러나 결과는 달라지지 않았다. 2017년 홍준표 후보의 24.03% 참패, 2020년 총선의 초라한 103석, 2025년 김문수 후보의 8.27%p 차 패배까지. 무엇 하나 본질적 변화를 만들어내지 못했다.

이 악순환의 핵심은 '간판 교체'에 머문 피상적 개혁이었다. 당명은 다섯 차례나 바뀌었다. 한나라당→새누리당→자유한국당→미래통합당→국민의힘. 그러나 정당의 '간판'만 바뀌었을 뿐, 체질과 운영 방식은 전혀 달라지지 않았다. 공천 구조, 의사결정 방식, 책임 회피 문화 모두 그대로였다. 같은 병이 재발한 건, 치료 대신 화장만 했기 때문이다. 그래서 우리는 또다시 같은 질문 앞에 서게 된다.

"왜 졌는가?"

답은 하나다. 우리에게 필요한 건 성형수술이 아니라 체질 개선이다. 뼈를 깎고 피까지 갈아엎는 고통을 감수할 때만, 우리는 비로소 다음 승리의 길에 설 수 있다.

무너지는 신뢰의 뿌리

중앙선관위 통계와 여론조사 데이터를 살펴보면, 보수정당의 결정적 패인은 언제나 도덕성의 붕괴에서 시작되었다. 정권심판론이 들불처럼 번질 때, 그 한가운데엔 국민의 신뢰를 산산조각 낸 윤리적 문제가 있었다.

1997년 대선 막판, 이회창 후보의 두 아들 병역 면제 논란은 여론을 뒤흔들었다. 39만 표 차 패배. 당시 "병역 문제로 지지를 철회했다"는 유권자가 20%를 넘었다. 도덕성 이슈가 승패를 갈랐던 상징적 사례였다.

2016~2017년, '박근혜-최순실 게이트'는 단순한 비리를 넘어 국가 시스템의 붕괴를 국민이 실시간으로 목격한 사건이었다. 헌법재판소의 만장일치 탄핵 결정은 한 사람의 퇴장이 아니라, 집권당 전체에 대한 국민적 심판이었다. 그리고 2017년 대선에서 우리는 회복의 단초조차 찾지 못했다.

2024년 12월, '윤석열 비상계엄 사태'는 보수정당이 오랫동안 외쳐온 안보와 질서의 가치를 헌법 위에 두려 했다는 국민적 분노를 불러왔다. 뉴스1-엠브레인퍼블릭 조사(12월 10일 전국 만 18세 이상 남녀 1005명을 대상으로 실시)에 따르면, 국민의 78%가 계엄에 반대했다. 그 압도적 민심은 대통령 탄핵 가결로 이어졌고, 정치적 후폭풍은 보수정당 전체를 뿌리째 흔들었다.

이런 윤리적 실책들은 유권자의 신뢰를 깨뜨렸고, 보수정당의 근간을 흔들었다. 핵심은 가치의 재정립이 이루어지지 않았다는 것이다. 유권자는 구호가 아니라 진정성을, 포장보다 알맹이를 본다. 도덕성과 책임성이 회복되지 않는 한, 어떤 외형적 변화도 국민의 신뢰를 되찾을 수 없다. 정당의 존립은 구호가 아닌, 삶으로 증명된 윤리적 기준 위에 세워져야 한다.

끝없는 내전

도덕성 문제가 불거지면, 보수정당 내부의 계파 갈등은 어김없이 수면 위로 떠오른다. 마치 정해진 각본처럼, 책임공방과 리더십 투쟁이 이어지고, 이내 정당은 내부 균열에 휩싸인다. 이것은 단순한 우연이 아니다. 30년 가까이 반복되어 온 고질적 구조다.

2000년대에는 이명박계(친이)와 박근혜계(친박)의 갈등이 노골화됐다. 2007년 대선 경선에서의 불공정 논란과 경선 후 지지 유보는 결국 장기적 불신의 씨앗이 되었다. 2016년 20대 총선 때 새누리당은 친박계 주도의 공천을 강행했고, 이로 인해 비박계 의원들이 대거 탈락하면서 심각한 내분으로 이어졌다. 김무성 대표가 공천 갈등으로 당 도장(옥새)을 가지고 사라진 '옥새 잠적' 사건은 그야말로 당 지도부 붕괴를 상징하는 충격적인 장면이었고, 결국 새누리당은 더불어민주당에 단 1석 차이로 1당 지위를 내줬다.

2017년 대선을 앞두고 보수진영은 결국 극단적 분당 사태에 이르렀다. 박근혜 대통령 탄핵 이후, 친박 책임론을 둘러싼 내홍이 폭발하면서 29명의 국회의원이 탈당해 바른정당을 창당했다. 이로 인해 보수표는 분산됐고, 문재인 후보를 견제할 중심축은 사실상 붕괴했다. 이는 보수 정계 역사상 최대 규모의 탈당 사례로 기록되며, 이후 보수 진영이 장기간 혼란과 세력 분산의 악순환에 빠지는 기점이 되었다.

2020년대에도 상황은 크게 다르지 않다. 윤석열 정부 출범 이후, 친윤계와 비윤계의 충돌이 당내의 주요 변수로 떠올랐고, 2024년 비상계엄 사태 이후에는 책임론을 둘러싼 정면 충돌로 다시금 당이 분열되었다.

계파 갈등이 반복될수록, 보수 진영의 단합은 깨졌고 유권자의 신뢰는 더욱 멀어졌다. 문제는 갈등 자체가 아니다. 민주정당 안에서의 경쟁은 오히려 건강할 수 있다. 진짜 문제는 이 갈등이 제도적 절차 없이 권력 유불리에 따라 무원칙하게 반복된다는 점이다. 당헌·당규에 근거한 공정한 조정 시스템 없이, 책임지지 않는 리더십과 지역기반 계파정치가 계속된다면, 국민은 결코 신뢰를 회복하지 않을 것이다.

잃어버린 심장부

보수정당이 반복적으로 패배하는 근본적인 이유 중 하나는 수도권이라는 정치 지형의 변화를 읽지 못했다는 점이다. 수도권은 단순한 인구 밀집 지역이 아니다. 전체 254석 중 122석이 몰려 있는, 대한민국 정치의 캐스팅 보터이자 승패를 좌우하는 핵심 무대다. 수도권에서 밀리면, 전국 단위 승리는 사실상 불가능하다.

그러나 보수정당은 수도권 전략에서 일관되게 실패해왔다. 2016년 20대 총선 당시 새누리당은 수도권 122석 중 35석(28.7%)만 차지하며 더불어민주당의 82석에 크게 밀렸다. 2020년 21대 총선에서는 미래통합당이 수도권 121석 중 단 16석(13.2%)만을 확보하며 참담한 결과를 얻었다. 2024년 22대 총선에서도 국민의힘은 수도권에서 오직 19석에 그치며 더불어민주당의 102석에 압도당했다.

문제는 단순한 숫자가 아니다. 이것은 진보정당의 승리가 아니라, 오히려 보수정당이 수도권 유권자들의 공감을 잃은 결과를 의미한다. 수도권 유권자들은 점점 더 다양해졌으며, 젊고 고학력에 정보 접근성이 높아 가치 중심적 판단을 중시한다. 이들은 권위적 리더십에 본능적인 거부감을 갖고 있으며, 정책의 실효성, 정치인의 도덕성, 제도의 공정성에 민감하게 반응한다.

보수정당은 여전히 과거의 메시지를 반복해왔다. '안보', '경제성장', '기존 가치 수호'라는 전통적 키워드에 집착하며, 수도권 유권자들의 정서에 맞는 새로운 언어와 담론을 창조하지 못했다. 수도권 유권자들은 '공감 능력'이 없는 정당에 등을 돌렸다. 이들은 정의와 공정, 다양성과 자율이라는 현대적 가치를 중시하며, 세대 대표성과 참여형 리더십에 더 높은 점수를 준다.

2024년 총선 분석을 해보면, 수도권에서 자산 상위 집단 내에서도 자산이 국민의힘 투표에 통계적으로 유의미한 영향을 미쳤다. 이는 보수정당이 '부자들의 정당'이라는 이미지로 굳어지고 있음을 의미한다.

수도권에서는 이미 민주당이 이기는 게 정상이고 국민의힘이 이기는 게 이변이 되었다는 평가가 나올 정도로 정치지형이 변화했다. 수도권의 이러한 변화는 일시적 현상이 아니라 구조적 전환이다. 보수정당이 이러한 변화에 적응하지 못하고 과거의 프레임에 매몰되어 있는 한, 수도권에서의 패배는 반복될 수밖에 없다. 수도권을 잃는다는 것은 단순히 의석수의 문제가 아니라, 미래 한국 정치의 주도권을 포기하는 것과 같다.

떠나는 청년, 멀어지는 여성

세대 변화는 보수정당에 구조적 불리함을 안긴다. 수도권의 20~40대 유권자들은 민주화 이후의 교육을 받으며 성장했고, 인터넷 정치 문화 속에서 자신만의 가치관을 형성했다. 이들은 '안정'보다는 '변화'를, '전통'보다는 '정의'를 추구한다. 연령별 지지 패턴의 변화는 보수정당의 존립 기반을 뒤흔드는 구조적 위기다. 한국갤럽 등 주요 여론조사 기관의 데이터를 종합해보면, 이 추세는 일시적 현상이 아니라 장기적인 하향 곡선이다.

2012년까지만 해도 보수정당은 20대 후반과 30대 초반에서 20~30%의 지지를 확보하고 있었다. 하지만 2020년 이후 20% 이하로 급락하며 청년 지지 기반이 급속히 무너졌다. 2030 남성층에서 일시적으로 보수 지지 흐름이 나타났으나, 이는 일시적 반발에 그칠 가능성이 크고 장기적 재편으로 이어질지는 아직 불확실하다.

더욱 심각한 건 20·30대 여성층의 반응이다. 2022년 제20대 대통령선거 당시, KBS·MBC·SBS 지상파 3사 공동 출구조사에 따르면 20대 여성 유권자 중 윤석열 후보를 지지한 비율은 33.8%에 그쳤다. 반면 이재명 후보는 58.0%의 지지를 얻어, 두 후보 간 격차는 무려 24.2%포인트에 달했다.

이는 단순한 성별 차원이 아니라, 세계관과 가치관의 괴리에서 비롯된 결과다. 젊은 여성 유권자들은 양성평등, 기후위기, 디지털 노동환경 등 삶과 직결된 의제에 민감하게 반응한다. 그러나 보수정당은 이들의 문제의식에 실질적으로 응답하지 못했다. 오히려 '여성가족부 폐지' 같은 논쟁성 이슈에 매몰되면서, 공감 대신 반감을 키우는 선택을 반복했다.

예를 들어, 주거비 폭등과 일자리 불안 속에서 청년들은 안전보다 공정·기회 균등을 중시하게 되었다. '흙수저'라는 말은 단순한 유행어가 아니라, 지금 청년 세대의 현실을 그대로 보여주는 상징이다.

이러한 결과, 청년층과 여성층은 보수정당을 '기득권 남성 중심', '공감 능력 부족', '미래 감수성 결여'의 정당으로 인식하게 되었다. 이 인식은 단순한 일시적 반감이 아니라, 투표 선택을 장기적으로 지배하는 인지 틀로 고착되고 있다. 정당이 특정 세대와 성별의 실존적 문제를 외면할 때, 그 세대와 성별은 그 정당을 영원히 떠난다. 돌아오지 않는다.

시대를 읽지 못한 정당

보수정당이 반복적으로 패배하는 데는 또 하나의 구조적 요인이 숨어 있다. 바로, 급변하는 미디어 환경에 적절히 적응하지 못한 것이다. 오늘날 미디어는 단순한 정보 전달 도구가 아니다. 그것은 정치와 국민이 만나는 '소통의 인프라'이자, 정당이 시대정신을 해석하고 나누는 '플랫폼'이다.

1990년대까지는 지상파 3사와 주요 신문이 여론 형성의 중심이었다. 메시지는 위에서 아래로, 언론을 통해 일방향으로 흘렀고, 보수정당은 안정적인 프레임을 갖고 이를 비교적 효율적으로 관리할 수 있었다. 2000년대 들어 포털 중심의 뉴스 소비 구조가 등장하며 판이 바뀌었다. 네이버와 다음 같은 플랫폼에서는 실시간 검색어와 뉴스 댓글이 여론을 주도했고, 이때부터 정당이 메시지를 독점하던 권력 구조는 완전히 깨졌다.

2010년대는 정치 소통의 중심이 본격적으로 소셜미디어로 이동한 시기였다. 소셜미디어에서 개인의 목소리가 빠르게 퍼지면서, 기존 정당 중심 메시지는 힘을 잃었다. 대신 사람 중심·감성 중심 콘텐츠가 큰 영향력을 발휘하기 시작했다. 민주당은 이 흐름에 민감하게 반응하며 다양한 '밈(meme)'과 온라인 캠페인을 활용해 소셜미디어 공간에서의 확장력을 키웠다. 반면, 보수정당은 여전히 관행적 보도자료나 브리핑 중심의 일방향 소통에서 벗어나지 못했다.

2020년대에 들어서면서 유튜브, 틱톡, 인스타그램 릴스 등 '숏폼 영상 플랫폼'이 새로운 정치 무대로 급부상했다. 특히 젊은 유권자들은 이제 1분도 되지 않는 짧은 영상에서 정치 메시지를 받아들이고, 웃고, 분노하고, 투표한다. 하지만 보수정당은 여전히 '정책 브리핑'이나 '자료화면' 중심의 낡은 형식을 고수하거나, 특정 유튜버에 의존하는 편향적 채널 전략에 머물렀다. 말투도 형식도 달라지지 않았고, 시대는 그들을 지나쳐갔다.

정치의 좌표는 시대와 함께 이동한다. 한때는 '보수 대 진보'라는 이분법적 구도가 비교적 명확했다. 냉전 시기의 한국 사회는 분단과 안보라는 거대한 틀 속에서 '반공 보수'와 '민주 진보'로 자연스럽게 나뉘었다. 하지만 이 구도는 21세기에 접어들며 빠르게 해체되고 있다.

특히 젊은 세대에게 '반공'은 더 이상 실존적 위협이 아니다. 북한은 무섭다기보다는 낯설고, 불안하기보다는 피로하다. 전통 보수의 핵심이었던 '안보 담론'은 이제 감정적 설득력을 상실하고 있으며, 보수정당은 이 변화를 직시하지 못한 채 여전히 과거의 언어를 반복하고 있다.

더욱 급진적인 변화는 사회문화적 이슈에서 나타난다. 양성평등, 다문화, 기후위기, 인공지능 윤리, 동물복지 등 '포스트물질주의적 가치'들이 새로운 정치의 기준이 되고 있다. 특히 적지 않은 2030세대에게 이런 의제는 단지 정책 항목이 아니라, 자신의 정체성과 연결된 문제다.

낡은 지도, 새로운 현실

보수정당의 정치적 기반은 여전히 영남에 뿌리를 두고 있다. 부산, 대구, 경북, 경남에서의 압도적 지지는 수십 년간 보수정당의 승리 공식이자 정치적 안전판이었다. 그러나 이 전략은 점차 유효성을 잃고 있으며, 오히려 전국 정당으로의 도약을 가로막는 구조적 족쇄로 작용하고 있다.

정치 지형이 달라졌다. 현재 국회의원 254석 중 수도권(서울·경기·인천)은 무려 122석으로 전체의 48%를 차지하며, 충청권까지 합치면 과반을 넘긴다. 반면 영남의 의석 비중은 지속적으로 감소하고 있다. 게다가 고령화와 청년 유출이 동시에 진행되면서, 영남의 정치적 영향력은 절대 수뿐 아니라 구성 면에서도 약화되고 있다.

보수정당이 간과하고 있는 가장 근본적인 변화 중 하나는 경제 패러다임의 전환이다. 20세기 보수주의의 경제관은 '성장이 모든 것을 해결한다'는 전제 위에 세워져 있었다. 이른바 '낙수효과(Trickle-down)' 논리는 오랫동안 보수 경제정책의 핵심이었고, 산업화와 압축성장의 시대에는 일정 부분 효과를 발휘했다.

하지만 21세기에 접어들면서 이 공식을 더 이상 유효하다고 보기 어렵게 되었다. 저출산·고령화, 기술 불균형, 고용의 유연화 같은 구조적 변화가 맞물리면서, '성장=복지'라는 등식은 무너졌다. 경제 성장률은 둔화되고, 사회는 극단적 양극화로 내몰렸다. 부는 상층부에 집중되고, 중산층은 붕괴했으며, 취약계층은 탈락의 공포 속에서 살아간다.

한국 사회에서 세대 갈등은 점점 더 구조화되고 정치화된 문제로 비화되고 있다. 갈등의 원인은 단순한 인식 차이가 아니라, 경제·사회적 조건의 현격한 변화에 있다. 기성세대는 '열심히 노력하면 성공할 수 있다'는 경험을 공유한다. 실제로 고도 성장기 속에서 주택 구입, 안정된 일자리, 자산 축적이라는 경로를 밟을 수 있었다.

하지만 지금의 2030세대는 전혀 다른 현실 속에 놓여 있다. 부동산 가격은 10년 새 수배로 치솟았고, 정규직 일자리는 줄었으며, 학력과 스펙이 높아져도 삶의 전망은 불투명하다. 이들에게 '노력 = 성공'은 더 이상 신뢰할 수 없는 공식이다.

외교·안보 분야 역시 시대의 흐름 속에서 거대한 전환점을 맞고 있다. 과거 보수정당은 안보 이슈에서 분명한 비교 우위를 점해왔다. 냉전 시대에는 미국과의 군사동맹이 절대적인 가치였고, 북한은 분명한 적이었다. '국가 안보를 지키는 정당'이라는 인식은 오랫동안 보수정당의 강력한 정치 자산이었다.

그러나 지금은 판이 바뀌었다. 국제 정세는 더 복잡하고 다층적인 구조로 재편되고 있다. 미국과 중국의 전략적 경쟁 구도 속에서, 한국은 더 이상 일방의 편에 설 수 없는 위치에 있다. 한미동맹은 여전히 중요하지만, 중국과의 경제 협력 또한 현실적으로 무시할 수 없다. 이제는 어느 한쪽 편만 고집할 수 없는 시대가 되었다.

다시 일어서는 힘

보수정당에 더 이상 희망은 없는 것일까? 그렇지 않다. 우리는 핵심 가치를 상실한 것이 아니라, 그 가치를 시대에 맞는 언어로 전달하지 못했을 뿐이다. 보수주의의 뿌리는 깊고, 그 정신은 여전히 이 사회에 꼭 필요하다. 다만 그것이 낡은 외형과 고리타분한 어조 속에 갇혀 있었기 때문에 공감을 잃은 것이다.

사실, 보수의 본질인 질서, 책임, 자율, 공동체, 자립심과 같은 덕목은 지금도 많은 국민의 마음에 살아 있다. 부모 세대는 그러한 가치를 통해 가정을 지켜내고, 자녀를 키워냈다. 청년 세대 역시 불확실한 세상 속에서 안정, 예측 가능성, 공동체적 신뢰를 갈망한다. 단지 지금의 세대는, 그 가치를 다른 언어로, 다른 방식으로 말해주길 바라고 있을 뿐이다.

'책임감' 또한 새롭게 해석될 필요가 있다. 과거에는 '스스로 알아서 하라'는 구호가 책임의 전부였지만, 오늘날의 책임은 개인과 사회가 함께 공정한 기회를 보장하고 그 안에서 서로의 몫을 다할 때 비로소 완성된다. 그것은 방임이 아니라 연대 속의 책임이다. 기회의 문을 열 책임이 국가에 있다면, 그 문을 지나 책임 있게 응답할 몫은 개인에게 있다.

'질서' 역시 새롭게 정의해야 한다. 과거의 권위적 통제가 아니라, 이제 보수는 모두에게 공정한 규칙과 예외 없는 정의를 강조해야 한다. 강자의 질서가 아닌, 모두가 같은 룰에 의해 경쟁하고 평가받는 시스템. 법치와 민주주의, 상호 존중의 문화가 실현된 사회. 그것이 오늘날 보수가 실천해야 할 질서다.

'공동체'라는 말도 다시 꺼내야 한다. 과거 보수가 말한 공동체는 국가나 가족에 대한 일방적 충성에 가까웠다. 그러나 지금 필요한 것은, 시민 한 사람 한 사람이 서로의 삶에 책임감을 갖는 연대의 공동체다. 기후위기, 인구 절벽, 지역소멸 같은 문제는 공동체적 대응 없이는 해결될 수 없다. 이기주의를 넘은 자유, 개인주의를 넘어선 책임. 바로 여기에 보수주의의 미래가 놓여 있다.

전통적 보수 가치를 21세기 언어로 번역하면 다음과 같다:

· 질서: 권위적 통제 → '모든 이에게 공정한 규칙'
· 책임: 개인의 일방적 부담 → '사회와 개인 간의 상호적 책임'
· 공동체: 맹목적 충성 → '시민 각자의 자발적 연대'

결국, 보수가 다시 일어서려면 이 새 언어를 정책과 리더십으로 실제 증명해 보여야 한다. 다행히 우리는 이미 그 가능성을 엿본 경험이 있다. 과거 두 번의 승리가 바로 그 증명이다.

승리의 기억

보수정당도 분명히 승리의 순간들이 있었다. 그리고 그 몇 안 되는 성공 안에는 오늘의 보수정당이 반드시 되새겨야 할 중요한 교훈들이 숨어 있다. 단순한 인물의 인기나 야당의 실수 때문이 아니었다. 핵심은 시대정신을 읽고, 그것에 정조준한 메시지를 던졌다는 점이다.

가장 먼저 떠오르는 사례는 2007년 대선에서의 이명박 승리다. '경제 대통령'이라는 별명이 모든 것을 말해준다. 그는 복잡한 정치 담론 대신 경제에 집중했다. '경제를 살리겠다'라는 메시지는 단순하고 명료했으며, 무엇보다 당시 국민의 피로감에 정확히 부합했다. 참여정부의 분배 중심 정책에 피로감을 느끼던 국민에게 '성장'은 실질적이고 현실적인 대안으로 다가왔던 것이다.

특히 이명박 후보는 단순한 구호를 넘어서 '747 공약'—연 7% 성장, 1인당 국민소득 4만 달러, 세계 7대 경제 강국 진입—을 제시했다. 이 숫자 중심 프레임은 국민에게 직관적이고 구체적인 인상을 남겼다. 무엇보다 이 공약은 정책과 정치 브랜드가 완벽히 일치한 드문 사례였다. 그 결과, 그는 '성장의 미래'를 설계하는 유능한 리더로 자리매김했고, 국민은 그 가능성에 기대를 걸었다.

2012년 박근혜의 대선 승리도 주목할 만하다. 그는 보수 정당 최초의 여성 대선 후보라는 정치적 상징성을 바탕으로, '보수의 변화'를 상징적으로 체현했다. 외형적 변화에 그치지 않고, '경제민주화'와 '복지국가'를 수용하며 진보의 전유물처럼 여겨졌던 의제를 선점했다.

그가 내세운 표현은 '유능한 보수'였다. 그는 복지를 말하면서도 책임 있는 방식을 강조했고, 이를 통해 보수가 무책임한 시장주의라는 기존 인식을 벗어날 수 있었다. 이념의 고수보다 국민의 감정에 공감하고 정책을 조정했던 그 태도가, 그를 승리로 이끈 것이다.

이 두 사례는 하나의 공통점을 보여준다. 시대정신을 정확히 읽고, 주저하지 않았다는 것. 승리는 상대의 실수나 정권교체론 덕분만이 아니었다. 국민이 바라는 미래가 무엇인지, 시대가 요구하는 가치가 무엇인지 먼저 읽어냈고, 그에 맞는 메시지와 정책을 자신 있게 제시했을 때 보수는 이겼다.

또한 중요한 교훈이 하나 더 있다. 보수는 스스로 변화를 택했을 때 이겼다. 당시 보수는 익숙한 문법을 내려놓고, 자신을 조정하고, 정책의 우선순위를 새롭게 구성했다. 유권자에게 다가가기 위해 언어를 바꾸고, 불편하더라도 자신의 정체성을 일부 재해석할 수 있는 용기를 가졌다. 그 용기가 결과를 만든 것이다.

당시처럼 국민이 원하는 핵심 의제를 선점하고, 메시지를 명확히 하는 노력이 다시 필요하다.

마지막 기회

지금의 위기는 끝이 아니다. 오히려 변화의 가능성이 열리는 순간일 수 있다. 역설적이지만, 정치는 언제나 실패에서 가장 많은 것을 배운다. 연속된 패배는 좌절이지만, 동시에 지금까지의 방식이 더는 통하지 않는다는 냉정한 진단이기도 하다. 그리고 그 진단은 바로 변화를 향한 출발점이 된다.

보수정당은 이제 야당이다. 야당은 언제나 기회의 가능성을 품고 있다. 집권당은 실정의 책임을 피할 수 없다. 경제가 흔들리고, 외교가 꼬이고, 민심이 떠나면 그 무게는 여당의 몫이 된다. 국민은 언제나 대안을 찾는다. 관건은 그 대안이 준비되어 있느냐이다.

기회는 예고 없이 온다. 그러나 준비된 자만이 그 기회를 붙잡는다. 정치는 속도가 아니라 방향이다. 어떤 방향으로 나아갈지를 지금 결정하지 않으면, 다음 기회도 놓친다. 그 준비는 단순한 구호로 되는 일이 아니다. 리더십, 정책, 조직문화, 소통방식, 정체성 그 자체까지도 다시 설계되어야 한다.

역사는 우리에게 중요한 교훈을 준다. 영국 보수당은 1997년 토니 블레어에게 역사적 참패를 당한 후 13년간 야당으로 머물렀다. 하지만 그들은 이 기간을 '현대화(modernization)'의 시간으로 활용했다. 전통적 지지층을 넘어 도시 중산층, 소수민족, 젊은 세대와 소통하는 법을 배웠고, 2010년 마침내 정권을 되찾았다. 독일 기민당도 2021년 총선 패배 후 근본적 쇄신을 단행했다. 디지털 전환, 기후변화 대응, 이민자 통합 등 과거에는 진보의 의제로 여겨졌던 주제들을 보수의 언어로 재해석했다. 그 결과 지지율을 끌어올려 2025년 총선에서 제1당을 회복했다.

우리는 지금 중요한 교훈을 얻었다. 보수정당이 스스로 변하자, 국민은 이에 화답했다. 2007년 이명박의 '경제 프레임', 2012년 박근혜의 '경제민주화 선언'은 그 증거다. 바뀌면 이길 수 있다. 보수가 과거에 머무는 정당이 아니라 미래를 제시하는 정당이 된다면, 국민은 다시 신뢰할 것이다.

결국 '정당다움'을 되찾기 위해서는 계파를 뛰어넘는 제도와 원칙이 선행되어야 한다. 갈등을 막는 것이 아니라, 갈등을 조정할 수 있는 투명한 구조가 필요하다. 그것이야말로 보수정당이 다시 '국민의 정당'이 되기 위한 출발점이다.

보수는 쉽게 무너지지 않는다. 넘어져도 다시 일어나는 회복탄력성 자체가 보수의 본질이다. 이제 우리는 선택의 기로에 서 있다. 같은 실수를 반복할 것인가, 아니면 진정한 변화로 국민의 신뢰를 되찾을 것인가. 이것은 단지 한 정당의 문제가 아니다. 대한민국 정치 전체의 건강성, 다양성, 그리고 미래의 방향성과 직결된 문제다. 보수가 살아야 정치의 균형이 바로 서고, 정치가 바로 서야 국민이 다시 희망을 가질 수 있다.

따라서 보수가 다시 이기려면 세 가지가 선행되어야 한다. 첫째, 도덕성과 책임성의 완전한 회복. 둘째, 계파를 뛰어넘는 제도적 거버넌스 구축. 셋째, 시대정신에 맞는 보수 가치의 현대적 재해석. 이것이 바로 28년 패배사에서 얻은 우리의 결론이며, 이후 장들에서 제시할 '이기는 보수'의 출발점이다. 환부를 도려내는 혁신만이 보수의 미래를 열 수 있다.

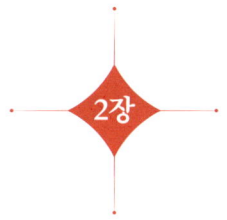

숫자가 말해주는 28년의 진실

본 장은 2025년 시점에서 되돌아본 28년간의 선거 데이터를 분석한다. 2024년 총선과 2025년 조기 대선 결과를 포함하여, 보수정당의 장기적 흐름과 패턴을 객관적 수치로 검증한다.

1997년 12월 18일 밤, 개표 방송이 최종 결과를 내놓았다. 한나라당 이회창 후보의 득표율은 38.75%, 새정치국민회의 김대중 후보는 40.27%—불과 1.53%포인트, 39만 여 표 차이였다. 보수 진영은 "질 수 없는 선거였다"는 탄식 속에서 10년 집권의 막을 내렸다. 그러나 그 참패는 종말이 아니라, 한국 보수가 다시 걸어야 할 긴 여정의 출발점이 되었다.

그날 이후 보수정당은 28년 동안 일곱 번의 대선을 치렀다. 결과는 3승 4패. 총선 기록도 같았다. 일곱 번의 총선에서 세 번 이기고 네 번 졌다. 14번의 전국 단위 선거 승률 42%. 정치에서 과반에 미치지 못하는 이 수치는, 국정을 안정적으로 운영하기에도, 국민 다수의 신뢰를 얻기에도 현저히 모자란 성적표다.

　우리가 직면한 질문은 분명하다. 무엇이 승리와 패배를 갈랐는가, 그리고 어떻게 다시 절반을 넘어설 것인가? 이 책은 그 답을 찾기 위한 기록이며, 동시에 새로운 도약을 위한 설계도다.

28년의 성적표가 보여주는 패턴

28년간 보수정당이 승리한 선거를 살펴보면 흥미로운 공통점이 발견된다. 2007년 이명박의 압승(48.67%), 2012년 박근혜의 과반 득표(51.55%), 2022년 윤석열의 극적 역전(48.56%). 이들 승리에는 모두 '조건'이 있었다. 상대 정권에 대한 피로감, 경제적 불안감, 그리고 무엇보다 변화를 상징하는 새로운 인물의 등장이었다.

　반대로 패배한 선거들도 일정한 패턴을 보인다. 1997년 이회창(38.75%), 2002년 이회창(46.59%), 2017년 홍준표(24.03%), 2025년 김문수(41.15%). 패배의 원인은 달랐지만, 공통분모가 있었다. 도덕성 논란, 내부 분열, 그리고 시대 변화에 대한 둔감함이었다. 특히 주목할 점은 보수 후보의 득표율 변화다. 2017년 홍준표의 24.03%는 보수 정체성의 바닥을 보여준 반면, 2025년 김문수의 41.15%는 탄핵 정국에서도 일정한 지지 기반이 남아있음을 증명했다. 하지만 40%대 득표로는 정권 창출이 불가능하다는 현실도 동시에 드러냈다.

더 큰 문제는 숫자 이면의 질적 흐름이다. 압승은 종종 자만을 불렀고, 패배는 때때로 개혁의 불씨가 됐다. 2007년 승리는 개혁 지체를 낳아 2016년 참패로 이어졌고, 2012년의 극적인 승리는 내부 분열을 부추겨 불과 몇 해 만에 탄핵 정국을 초래했다. 마찬가지로 2020년 총선의 참패는 전면적 재구성을 촉발했지만, 2022년 대선 승리 뒤에는 또다시 같은 실수를 반복했다.

총선에서도 흐름은 비슷하다. 2008년과 2012년 각각 153석, 152석으로 안정적 과반을 확보하던 시절은 지나갔고, 2020년 103석, 2024년 108석으로 만성적 소수 정당 지위가 굳어졌다. 2016년 121석에서의 급락 이후 회복이 지지부진하다는 사실은 구조적 한계를 고스란히 드러낸다.

결국 승리와 패배를 갈라놓는 분기점은 민심 변화에 민감하게 반응해 내부 혁신을 과감히 실행했는지 여부다. 이 공식이 무시되는 순간, 보수정당은 42% 승률이라는 굴레에서 다시는 벗어날 수 없을 것이다.

수도권, 무너진 심장부

28년 보수정당 역사를 관통하는 가장 충격적인 사실은 수도권에서의 일방적 패퇴다. 2024년 22대 총선에서 국민의힘이 수도권 122석 중 겨우 19석만 차지한 것은 단순한 패배가 아니다. 그것은 정치적 생존 기반의 붕괴를 의미한다. 다음 그래프는 2008년부터 2024년까지 보수정당의 수도권 의석수 변화 추이를 보여준다.

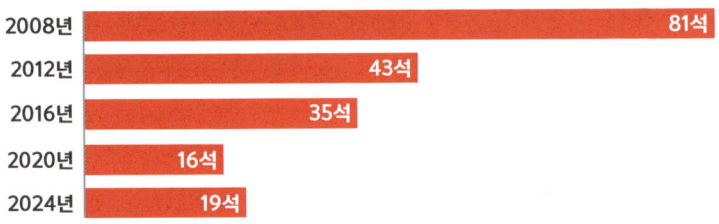

2008년 18대 총선을 돌이켜보자. 그때 한국 보수는 전성기를 맞고 있었다. 한나라당은 서울 48석 중 40석(83.3%), 경기 51석 중 32석(62.7%), 인천 12석 중 9석(75%)을 석권하며 수도권을 완전히 장악했다. 무려 81석이었다. 전국 153석 중 절반이 넘는 의석을 수도권에서 확보한 압도적 승리였다.

그런데 2024년 수도권 의석은 서울11석(40→11), 경기6석

(32→6), 인천2석(9→2)으로 크게 줄었다. 2008년 81석에서 16년 만에 19석으로, 총 62석이 감소했다. 이는 수도권 의석의 76%가 사라진 셈이다. 같은 기간 더불어민주당은 정반대의 궤적을 그렸다. 2008년 서울 7석, 경기 17석, 인천 2석 총 26석에서 2024년 서울 37석, 경기 53석, 인천 12석 총 102석으로 4배 가까이 늘었다.

특히 경기도의 몰락이 가장 극적이다. 2008년 32석에서 2024년 6석으로 무려 81% 감소했다. 신도시와 베드타운이 밀집한 경기도는 중산층의 정치 성향을 가늠하는 바로미터 역할을 해왔는데, 이 지역에서의 참패는 보수정당이 중산층으로부터도 외면받고 있음을 보여준다.

더욱 심각한 것은 이 추세가 계속 가속화되고 있다는 점이다. 2012년 43석, 2016년 35석, 2020년 16석, 2024년 19석으로 2016년까지는 완만한 하락세였지만, 2020년 이후 20석 미만에서 고착화되고 있다.

수도권 지역별 의석 변화 상세

구분	2008년 한나라당	2008년 국민의힘	변화
서울	40석	11석	-29석
경기	32석	6석	-26석
인천	9석	2석	-7석
합계	81석	19석	-62석

이는 단순한 정치적 부침을 넘어선 구조적 변화다. 수도권은 전체 254석 중 122석, 무려 48.03%를 차지하는 정치의 심장부다. 여기서 압도적으로 밀린다는 것은 전국 정당으로서의 정체성을 상실했다는 뜻이다.

수도권은 비교적 젊고, 고학력이며, 정보 접근성이 높은 유권자들이 집중된 곳이다. 이들의 정치적 선택은 미래를 예측하는 선행지표 역할을 한다. 수도권에서 외면받는다는 것은 곧 미래 세대로부터 외면받는다는 의미이기도 하다.

이제 보수정당이 재기하기 위해서는 수도권 지지 기반을 반드시 회복해야 한다. 하지만 단순한 선거 전략을 넘어서야 한다. 수도권 유권자들의 가치관과 삶의 고민에 공감하고 이를 대변하는 정당으로 거듭나는 노력이 필요하다.

패배의 연대기

첫 번째 충격: 1997년 대선

1997년 대선에서 이회창은 38.75%, 김대중은 40.27%를 득표했다. 표 차이는 390,557표, 격차는 1.52%포인트였다. 병역비리 논란과 이인제의 독자 출마(19.2% 득표)가 결정적 요인이었다. 만약 이인제 표가 이회창에게 집중됐다면 57.94%

대 40.27%로 압도적 승리였을 것이다.

특히 주목할 점은 지역별 득표 분포다. 영남권에서 이회창은 여전히 60% 이상을 득표했지만, 수도권에서는 김대중과 박빙의 경쟁을 벌였다. 서울에서 이회창 40.9%, 김대중 44.9%로 김대중이 4% 앞섰고, 경기도 역시 3%가량 앞섰다. 이는 보수정당의 수도권 기반 약화가 이미 1997년부터 시작됐음을 보여준다.

더욱 치명적이었던 것은 세대별 격차였다. 40대 이하에서 김대중의 지지율이 압도적이었고, 50대 이상에서만 이회창이 우세했다. 이 패배는 보수정당에게 세 가지 뼈아픈 교훈을 남겼다. 도덕성 리스크는 정권을 무너뜨릴 수 있다는 것, 보수 내부의 분열은 언제나 치명적이라는 것, 세대교체 흐름을 놓치면 미래가 없다는 것이다.

연속 패배의 악몽: 2002년 대선

지난 패배의 충격을 딛고 이회창이 재도전했지만, 결과는 또다시 패배였다. 이회창이 46.59%, 노무현이 48.91%를 득표해 표 차이는 57만여 표, 격차는 2.32%포인트로 벌어졌다. 1997년보다 좁혀졌지만 여전히 넘지 못한 벽이었다.

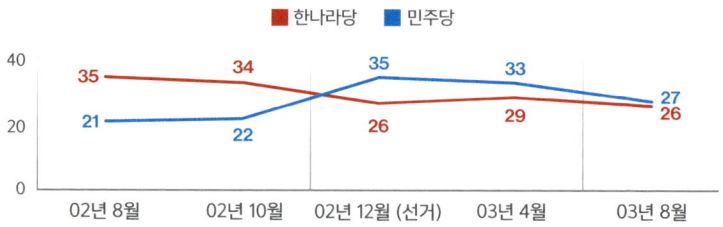

이 선거에서 가장 두드러진 변화는 '노사모 현상'이다. '노무현을 사랑하는 사람들의 모임'으로 시작된 이 온라인 지지 운동이 20-30대 사이에서 폭발적으로 확산되었다. 반면, 이회창 후보는 '준비된 후보'라는 안정적 이미지를 강조했지만, 젊은층에게는 오히려 구시대적 상징처럼 비쳤다.

세대교체 흐름을 놓쳤고, 지역주의의 한계도 지우지 못했다. 영남권 득표율은 여전히 높았지만(대구 77.7%, 부산 66.7%), 충청권과 수도권에서의 열세가 결정적이었다. 부동층은 막판에 노무현으로 기울었고, 또다시 제기된 병역 논란이 결정적 악재가 됐다.

탄핵 역풍과 최악의 참패: 2004년 총선

2004년 3월 12일, 국회는 노무현 대통령에 대한 탄핵소추안을 가결했다. 찬성 193표, 반대 2표. 한나라당과 민주당, 자민련이 힘을 모은 결과였다. 당시 한나라당 지도부는 이 결정을 정국 반전의 결정타로 여겼다.

그러나 정작 국민들의 반응은 완전히 달랐다. 중앙일보가 탄핵 직후 실시한 여론조사에서 응답자의 76%가 "탄핵안 가결은 잘못된 일"이라고 답했으며, "잘된 일"이라는 응답은 21%에 그쳤다. 탄핵 직후 노무현 대통령의 눈물 어린 호소가 전 국민에게 생중계되었고, 이는 강한 반향을 불러일으켰다.

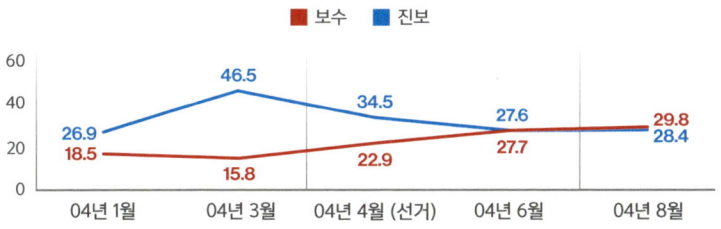

4월 15일 제17대 총선에서 한나라당은 121석에 머물며 제1당의 지위를 잃었고, 열린우리당은 단독 과반인 152석을 얻

으며 국회를 장악했다. 이는 민주화 이후 집권 여당이 과반을 차지한 첫 사례였다. 탄핵이라는 칼을 휘둘렀던 한나라당은, 결국 그 칼에 스스로 베인 셈이었다.

데자뷔의 악몽: 2025년 조기대선

2025년의 패배는 단순한 정권교체가 아니었다. 그것은 정치 시스템에 대한 신뢰 자체가 붕괴된 사건이었다. 2024년 12월 3일 윤석열 대통령의 비상계엄 선포는 민심을 돌려세우기는커녕, 정권에 대한 분노를 폭발시키는 도화선이 되었다.

한국갤럽 여론조사에 따르면 계엄 선포 전인 12월 3일에는 부정평가 68%, 긍정평가 19%였지만, 계엄 선포 후인 12월 4-5일에는 긍정평가가 13%로 떨어지고 부정평가는 80%까지 치솟았다. 단 이틀 만에 지지율이 완전히 붕괴된 것이다.

12월 14일 국회에서 탄핵소추안이 가결되었고, 2025년 4

월 4일 헌법재판소는 전원일치로 탄핵을 인용했다. 보수정당은 김문수 전 경기도지사를 후보로 내세웠다. 투박하지만 진정성 있는 이미지로, 당의 책임과 대통령의 과오를 '외부화'하려는 시도였다.

김문수 후보는 41.15%를 득표해 2017년 홍준표 당시 (24.03%)보다 훨씬 높은 득표율을 기록했다. 그러나 이재명 후보(49.42%)와는 8.27%포인트 차이를 좁히는 데 그쳤다. 특히 수도권에서의 참패는 또다시 반복됐다. 서울에서 김문수는 41.6%, 경기에서는 38%에 그쳐 이재명에게 크게 밀렸다.

승리의 순간들

천막에서 피어난 희망

2004년 4월, 보수정당은 역사상 가장 깊은 수렁에 빠졌다. 탄핵 역풍으로 17대 총선에서 역대 최악의 성적표를 받았고, 한나라당은 121석에 그치며 43년 만에 원내 1당 지위를 열린우리당에 내주었다. 민심은 완전히 등을 돌렸고, 당 지도부는 혼란에 빠졌다.

그 절박한 순간, 박근혜 당시 대표가 등장했다. 2004년 초, 총선 한 달을 앞두고 당 대표에 오른 그는 과감한 선택을 했다. 여의도의 기존 당사를 떠나 중소기업박람회장에 천막 당사를 설치한 것이다.

'천막당사'는 새로운 공간이 아니라 보수정당의 참회와 쇄신을 드러내는 상징이었다. '버리면 살고, 지키면 죽는다'는 각오가 담긴 이 행보에 국민들은 주목했다. 오만했던 한나라당이 마침내 민심 앞에 겸손해졌다고 평가했다.

정책적 변화도 병행됐다. 박근혜는 '서민경제'와 '경제민주화'를 전면에 내세우며 복지, 분배, 약자 보호라는 익숙하지 않은 언어를 보수의 메시지에 포함시켰다. 한때 보수가 회피하던 어휘들이 이제는 국민을 설득하기 위한 진지한 도구가 되었다. 내부적으로는 인적 쇄신이 시작됐고, 외부적으로는 중도층을 포용하려는 전략이 본격화됐다.

2004년 당시 여의도 한나라당 천막당사 전경

이런 변화는 곧 성과로 이어졌다. 총선에서 한나라당은 예상을 뒤엎고 121석을 확보하며 개헌저지선을 방어했다. 불과 1년 전까지 해체 위기를 논하던 정당이 가까스로 개헌저지선을 방어하고 기사회생한 것이다. 2006년 지방선거에서는 서울, 경기, 인천 등 수도권 광역단체장을 모두 석권하며 압승을 거뒀고, 박근혜는 보수의 구원투수에서 상징적 리더로 자리매김하게 된다.

보수정당 프레임 전환 – '수구'에서 '서민'으로

보수정당 과거 프레임	천막당사 이후 새 프레임
권위적, 엘리트 중심	서민적, 책임 중심
강경 보수, 반개혁	경제민주화, 복지 언어 수용
정당 내부 계파 이기주의	당 대표 중심의 일관된 리더십
선거 패배 후 자기합리화	대국민 사과와 체질 개선 강조

실용주의의 대반격

2007년, 보수정당 앞에 다시 기회의 문이 열렸다. 참여정부 5년 동안 국민은 피로했다. 이상은 높았지만, 현실은 벅찼다. 집값은 끝없이 치솟았고, 청년 실업은 늘었으며, 정책은 많았으나 결과는 미약했다. 더 이상 유권자는 '담론'이나 '가치'에 움직이지 않았다. 국민이 원한 것은 단 하나, 실적이었다.

이명박은 정치인이기보다 '성공한 경영자'였다. 현대건설 CEO 출신, 서울시장 시절의 실무 성과—그는 자신의 이력을 전면에 내세워 "일 잘하는 대통령"을 강조했다. 그의 캠페인은 이념이 아니라 수치와 성과로 말하는 방식이었다.

그 대표가 바로 '747 공약'이었다. 7% 성장률, 4만 달러 국민소득, 7대 경제강국이라는 이 단순한 수식은 강력한 인지효과를 남겼다. 이념보다 빠르게 기억되고, 정책보다 더 설득력 있는 숫자였다. 보수의 성장담론은 이명박을 통해 가장 명징하게 구현되었다.

특히 '뉴타운 공약'은 수도권 중산층의 마음을 정확히 꿰뚫었다. 재개발과 재건축을 통한 자산 상승 기대는 직접적인 경제적 이익과 연결됐다. 이념이나 도덕성보다, '내 집값을 올려줄 후보'라는 직관적 메시지가 더 강하게 작동했다. 보수정당이 중산층으로부터 다시 지지를 회복하는 결정적 순간이었다.

역사적 프레임 비교 – 이회창 vs 이명박

구분	이회창 (97년, 02년)	이회창 (07년)
메세지	원칙, 안정, 청렴	실적, 속도, 실용
스타일	준비된 국가 지도자	일 잘하는 CEO형 리더
전략키워드	도덕성, 통합	경제, 숫자, 성과
대중 인식	'구시대 정치인'	'실무 중심 리더'

결과는 대승이었다. 이명박은 48.67%를 득표하며 정동영(26.15%)을 더블스코어 가까이 압도했다. 심지어 이회창이 무소속 출마해 15.1%를 가져갔음에도 불구하고, 흔들리지 않았다. 보수정당의 10년 만의 정권 탈환, 그것도 압도적 승리였다.

이 선거는 한국 정치에 중요한 분기점을 남겼다. 실용주의가 이념을 꺾은 최초의 대선, 명확한 메시지가 정권을 바꾸는 힘이 된 선거였다. 동시에, 유권자들이 점점 더 '정책의 철학'이 아니라 '정책의 결과'를 요구하는 현실을 보여주었다.

정점에 선 순간

2012년 겨울, 보수정당은 역사상 가장 완벽한 순간을 맞이했다. 박근혜가 대한민국 최초의 여성 대통령으로 당선된 것이다. 단순한 승리가 아니었다. 51.55%. 민주화 이후 보수 진영 대선 후보로는 처음으로 과반 득표에 성공했다. 이는 단지 숫자의 문제가 아니었다. 사회 각층의 보수 유권자가 결집했고, 중도층의 마음도 움직였다.

왜 50대 여성은 박근혜를 지지했을까?

정서적 유대	'딸 같은 대통령', '책임감 있는 딸의 이미지'
인정 욕구	경제위기·사회갈등 속에서 '잃지 않기 위한 선택'
기대와 투사	"한 번은 여성 대통령이 나와야"라는 상징정치의 감성 작동
행동의 실체화	이들은 말하지 않았지만, 투표함 앞에서 결정적으로 움직였다

박근혜는 단지 '아버지의 딸'로서의 정체성을 넘어서려 했다. '경제민주화'라는 단어를 전면에 내세우며 보수 진영에선 보기 드물게 대기업 개혁과 복지 강화를 공약했다. '국민행복시대'라는 슬로건은 사회 전체에 대한 포용과 배려를 암시했고, 유권자들에게 새로움을 안겼다.

중년 여성층, 특히 50대 여성의 폭발적인 지지는 그 변화된 이미지에 대한 반응이었다. 그들의 지지율은 65%를 훌쩍 넘겼고, 이는 선거 전체를 뒤흔든 결정적 동력이 됐다. 정서적 유대감('딸 같은 대통령'), 불안한 세상 속의 안정 욕구, 그리고 "한 번은 여성 대통령이 나와야"라는 상징정치의 감성이 복합적으로 작동했다.

상대는 문재인이었다. 노무현의 정신적 후계자로서, 젊은 층의 지지를 한몸에 받았다. "사람이 먼저다"라는 슬로건과 함께 문재인은 전국을 순회하며 '소탈한 리더십'을 보여줬고, 특히 길거리 즉석 만남에서 보인 진정성이 화제가 됐다. 인터넷 공간은 문재인에 대한 응원으로 가득했고, 2030 세대는 변화와 정의를 외쳤다.

하지만 박근혜는 견고했다. 정제된 이미지와 신중한 메시지, 철저한 전략이 돋보였다. 이념적으로는 보수, 정책적으로는 중도, 이미지로는 혁신을 담아냈다. 대중이 원했던 안정과 변화의 절묘한 교차점에서, 박근혜는 승리를 거머쥐었다.

그날 이후 보수정당은 말 그대로 '절정'의 자리에 섰다. 대통령은 물론, 국회 다수 의석을 확보한 집권 여당의 위세는 대단했다. 언론과 관료, 재계와 지역조직까지 촘촘히 연결된 권력의 사슬은 공고했고, 외형상으로는 10년 이상 지속될 정치적 안정기가 열리는 듯했다.

기적 같은 역전승

2020년 4월, 보수는 또다시 무너졌다. 미래통합당은 총선에서 더불어민주당에 180석을 내줬고, 국회는 '절대 여소야대' 체제로 전환되었다. 수도권은 물론, 전통적 우세 지역인 강원, 충청마저 빠르게 기울었다. '보수는 끝났다'는 말이 현실처럼 들리던 시기였다.

총선 직후, 미래통합당은 '국민의힘'이라는 새로운 이름을 달았다. 이름만 바꾼다고 신뢰가 돌아올 리는 없었지만, 분명히 정당은 무언가를 바꾸고자 했다. 김종인 비대위 체제는 보수의 색을 덜어내려 했고, 중도와 청년을 향한 메시지를 강화했다.

그때, 정치권 누구도 예상하지 못했던 인물이 떠올랐다. 바로 이준석이다. 2021년 6월, 당시 36세였던 이준석은 보수정당 사상 최초의 30대 대표가 되었다. 당원 중심의 투표가 아닌 여론조사에서 앞섰다는 점은, 정당과 국민 사이의 인식 차를 상징적으로 보여줬다.

이준석 돌풍 현상

항목	내용
주요 키워드	공정, 실력주의, 세대교체
핵심지지층	2030 남성, 수도권 청년층, 공정 담론 민감 계층
대표적 메세지	"586 기득권 해체", "능력 중심 정치"
갈등 사례	윤석열 측과의 공천 갈등, 선대위 불참, 탄핵 언급 등

이준석의 등장은 단지 인물의 변화가 아니었다. '공정', '실력주의', '청년 정치'라는 키워드를 앞세운 새로운 세대의 반란이었다. 2030 남성층, 수도권 청년 직장인, 공정 담론에 민감한 중산층이 그의 지지 기반이었고, 그가 던진 메시지는 때론 거칠었지만, 정당이 그동안 말하지 못했던 것을 드러내는 데 효과적이었다.

이준석의 등장은 국민의힘을 일시적으로라도 '새 정당'처럼 보이게 만들었다. 청년 정치인들이 전면에 등장했고, 당의 언어도 부드러워졌다. 그러나 동시에 기존 당내 질서와의 충돌은 필연이었다. 윤석열이라는 거대한 외부 인물이 등장하면서, 당내 균열은 표면 위로 떠올랐다.

정권교체는 이루어졌다. 윤석열 48.56%, 이재명 47.83%. 민주화 이후 가장 좁은 격차, 단 0.73%포인트. 그것은 기적이 아니라, 간신히 거둔 턱걸이 승리였다. 문재인 정부의 부동산 실패, 조국 사태, 불공정에 대한 피로—이 모든 것은 정권 교체의 배경이었지만, 그렇다고 윤석열의 당선이 예측 가능한 결과였던 것은 아니었다.

그는 정치를 전혀 해보지 않은 전직 검찰총장이었고, 지지층 내부에서는 이준석과의 갈등이 반복되었으며, 김종인의 선대위 이탈, 안철수와의 단일화 협상 파동 등 불협화음의 총합이었다. 그럼에도 불구하고 윤석열은 이겼다. 그 승리는 정치 실험의 결과였다. 윤석열의 원칙주의, 안철수의 중도 이미지, 이준석의 청년 상징성, 그리고 문재인 정부에 대한 피로—이들이 맞물려 만들어낸 '연합의 승리'였다.

다시 무너진 순간

추락은 한순간

박근혜의 당선은 보수정당 역사상 가장 찬란한 순간이었다. 과반 득표, 여성 대통령, 대중과의 감정적 연결—그 모든 것이 '정점'을 상징했다. 그러나 정치는 정점 위에 오래 머무는 법이 없다. 찬란함의 끝에는 언제나 어둠이 기다리고 있었다.

그 몰락은 어느 날 갑자기 시작됐다. 2016년 10월 24일, JTBC 뉴스룸이 한 개의 파일을 공개했다. '최순실의 태블릿

PC'. 그 안에는 대통령의 연설문 초안과 청와대 기밀 문건이 들어 있었다. 국정의 흐름이 민간인 손에서 움직였다는 사실은, 단지 충격을 넘어 국가의 근간을 흔드는 일이었다.

국민은 그것을 '국정 농단'이라 불렀고, 신뢰는 한순간에 무너졌다. 분노는 거리로 흘러나왔다. 매주 토요일마다 광화문은 촛불로 뒤덮였다. "박근혜 퇴진", "탄핵"의 목소리는 점점 커졌고, 어느새 수백만의 시민이 광장을 메웠다.

2017년 3월 10일, 헌법재판소는 재판관 전원 일치로 박근혜 대통령의 탄핵을 인용했다. 대한민국 헌정사 최초의 대통령 파면이었다. 정권은 붕괴했고, 당명은 사라졌다. 보수는 더 이상 국가를 이끄는 세력이 아닌, '과거의 유산'이 되었다.

폐허 위의 재편

박근혜 정권의 붕괴 이후, 보수정당은 수면 아래로 가라앉았다. 탄핵의 후폭풍은 거셌고, 한때 나라의 중심축처럼 단단해 보이던 정당은 속절없이 무너졌다. 2017년 대선은 그 잔해 위에서 치러졌다. 보수는 분열했고, 그 틈으로 문재인이라는 단일 후보가 거침없이 진격했다. 홍준표와 유승민—그들의 표를 합쳐도 30%에 불과했다. 그것이 곧, 당시 한국 보수의 현실이었다.

자유한국당은 깨진 조직을 붙잡기 위해 버텼지만, 지도

력은 부재했고, 혼란은 계속됐다. 홍준표 체제는 실패했고, 2018년 지방선거에서 보수는 수도권은 물론, 충청과 부산·경남까지 내주며 사실상 '완전 붕괴'를 맞았다.

2019년, 내부에서 다시 변화의 목소리가 터져 나왔다. 새로운보수당, 전진당—부서진 조각들이 하나로 모이기 시작했다. 그리고 2020년 2월, 자유한국당과 이들 소수 보수세력은 '미래통합당'이라는 이름으로 통합을 선언했다.

김종인이 비상대책위원장으로 등장하며, 당은 '민생정당'으로 탈바꿈을 시도했다. 경제 정책 전문가의 이미지로 중심을 잡았고, 청년과 여성 인재를 대거 영입하며 새 얼굴을 전면에 세웠다. '국민 앞에 하나!' 슬프고 고단한 이 구호 속에는, "이대로 사라지지 않겠다"는 절박한 다짐이 담겨 있었다.

또 다른 실망

2022년 대선 승리는 보수에게 다시 한 번 기회를 줬다. 하지만 승리는 오래가지 않았다. 그해 여름부터 국민의힘은 내홍에 휩싸였다. 당 대표 이준석과 윤석열 대통령 측 핵심 인사들—소위 '윤핵관' 간의 갈등은 곧 지도체제 붕괴로 이어졌다.

2022년 8월, 이준석은 윤리위 징계로 당 대표직을 박탈당했고, 국민의힘은 '비대위-법원-비대위'라는 비상 체제의 미로에 빠졌다. 정당의 중심은 사라졌고, 당은 대통령실의 의중을 읽는 것이 민심을 읽는 것보다 중요해 보였다.

당시 보수 진영이 놓친 가장 큰 교훈은 "세대 확장의 기회를 내부 권력 게임으로 날려버렸다"는 점이었다. 이준석의 청년 브랜드는 거칠었지만 분명한 신호였고, 2030세대 남성 유권자에게 드문 지분을 열어줬다. 하지만 당은 그것을 '관리의 대상'으로 간주했고, 결국 청년 보수 실험은 조기 종료됐다.

2024년 총선의 얼굴은 한동훈이었다. 검찰 출신 50대 초반, 깔끔한 이미지와 젊은 리더십. '젊은 보수'를 표방하며 민생 메시지를 강화했다. 3월까지는 야당보다 지지율이 앞서기도 했고, 새로운 브랜드가 효과를 내는 듯 보였다.

하지만 표면적 이미지만으로는 변화가 증명되지 않았다. 더군다나 TK·PK 지역의 공천 잡음은 다시금 계파 갈등을 떠올리게 만들었다. 무엇보다 "탄핵 저지선 100석을 지켜달라"와 "이조심판(이재명·조국 심판)"이란 방어적 슬로건은 국민에게 스스로 패배를 예상하고 있다는 메시지로 읽혔다.

결국 국민의힘은 21대 총선보다 5석이 많은 총 108석을 얻었으나, 과반(150석)에는 턱없이 부족했다. 이로써 2016년(122석)→2020년(103석)→2024년(108석), 3연속 총선 패배라는 불명예가 확정되었다.

숫자 너머의 진실: 잃어버린 유산을 찾아서

2025년의 조기대선 패배 이후, 보수정당은 다시 길을 잃은 채 출발선 앞에 서 있다. 누가 길을 막은 것도 아니고, 길이 없어진 것도 아니었다. 문제는 그 길을 몇 번이나 걸었음에도 불구하고, 매번 같은 지점에서 다시 길을 잃었다는 것이다.

1997년부터 2025년까지의 28년은 단지 승패의 기록이 아니라, 실패의 원인을 무시하고 반복할 때 어떤 정치적 비용을 치르게 되는지 보여주는 집합적 경고문이다. 28년 간 데이터가 증명하는 세 가지 진실이 있다.

첫째, 도덕성은 보수의 생명선이다. 국민은 진보보다 보수에게 더 높은 윤리 기준을 적용한다. 1997년 병역비리(1.5%p 차 패배), 2016년 국정농단(대통령 탄핵), 2025년 비상계엄(8.3%p 차 패배)—모든 결정적 패배 뒤에는 도덕성 논란이 있었다. 보수는 '질서'와 '법치'를 강조하는 만큼, 그 기준에서 벗어났을 때 받는 심판도 더 가혹하다.

둘째, 수도권은 정권의 캐스팅 보터다. 2008년 81석에서 2024년 19석으로의 급락은 단순한 수치가 아니다. 그것은 미래 세대와의 단절, 전국정당으로서의 정체성 상실을 의미한다. 수도권에서 압도적으로 밀리면서도 정권을 유지한 사례는 28년간 단 한 번도 없었다. 수도권은 비교적 젊고, 고학력이며, 정보 접근성이 높은 유권자들이 집중된 곳으로, 이들의 정치적 선택은 미래를 예측하는 선행지표다.

셋째, 분열은 패배의 지름길이다. 1997년 이인제 탈당(19.2% 득표로 보수표 분산), 2017년 보수 분당(홍준표+유승민 합쳐도 30%), 2022년 이준석 축출(청년층 이탈 가속화)—내부 갈등이 터질 때마다 보수는 선거에서 졌다. 특히 주목할 점은 분열의 시점이다. 패배 후가 아니라 승리를 앞두고, 혹은 승리 직후에 내부 분열이 시작됐다는 것이다.

보수정당은 단지 하나의 정치조직이 아니었다. 그것은 한 시대를 이끈 가치의 총합이었고, 대한민국 근대사의 축을 이뤘던 실천의 철학이었다. 법치, 안보, 책임, 절제, 시장경제와 같은 언어는 단순한 구호가 아니라, 실제 국정 운영의 작동 원리였다. 산업화를 통해 가난을 극복했고, 민주화를 통해 민주주의를 안정적으로 정착시켰으며, 세계화를 통해 선진국으로 발돋움한 시간들 속에는 보수의 기여가 분명히 새겨져 있다.

그러나 우리는 그 유산을 온전히 지켜내고 있는가? 지난 28년의 정치 여정을 돌아보면, 보수는 스스로의 자산을 축적하기보다 소모하며 살아왔다. 혁신 없는 전통을 외쳤고, 책임 없는 권력을 행사했다. 정권을 잡았을 때는 오만했고, 잃었을 때는 분열했다. 과거에 머물렀고, 미래를 설계하지 못했다.

특히 '보수의 가치'는 현실의 동력으로 작동하기보다 점점 수사적인 장식어로 퇴행해왔다. 법과 질서를 외치면서도 법치를 훼손했고, 시장경제를 말하면서도 정작 자본주의를 방조했다. 안보를 강조하면서도 전략 없는 외교와 내부 분열로 국론을 갈라놓았고, 책임을 말하면서도 끝까지 책임지는 지도자는 좀처럼 찾아보기 어려웠다.

그 결과, 보수는 신뢰를 잃었다. 특히 청년 세대에게 보수는 '과거에 머무는 낡은 정치'로 각인됐다. 2024년 기준 20대 지지율 25%, 30대 28%는 이를 명확히 보여준다. 공정과 다양성, 기회의 평등이라는 새로운 시대의 화두 앞에서 보수는 일관된 응답을 내놓지 못했고, 그 침묵은 곧 무능으로 해석됐다.

무엇보다 보수정당은 '다시 일어섰던' 정당이다. 1997년의 참패 이후 10년 만에 정권을 탈환했고, 2017년 국정농단의 쓰라린 몰락 뒤에도 5년 만에 대선에서 승리했다. 그런데 이 승리들은 늘 구조적 변화가 아닌, 외부 요인에 의존한 결과였다. 상대 정권의 피로감, 경제 악화, 새로운 얼굴이 던지는 상징성. 정당 내부의 근본적 혁신이 아닌, 시대의 반사효과였다.

총 7번의 대선과 7번의 총선 중 보수는 각각 3번씩 승리했다. 승률 42%. 단순한 수치처럼 보이지만, 이 안에는 일정한 패턴이 숨어 있다. 보수가 승리했을 때는 공통점이 있었다. 국민이 피로감을 느끼고, '변화'에 대한 갈망이 강할 때, 그리고 그 갈망을 상징적으로 구현해줄 인물이 등장했을 때였다. 이명박과 윤석열은 각각 기업인·검찰총장 출신이라는 점에서 기존 당 조직 바깥의 이미지를 활용했고, 박근혜는 오히려 당내 최대 계파를 이끈 주류 정치인이었다.

그럼에도 불구하고, 역사는 아직 희망을 지운 적이 없다. 보수는 늘 패배 이후 일정한 시간 안에 다시 복귀했고, 그 복귀는 정당 자체의 완전한 쇄신이 아닌 '시대와의 우연한 조응'으로 이루어졌다. 하지만 이제는 다르다. 국민은 똑같은 재기를 더는 반복적으로 허락하지 않는다.

28년의 숫자가 던지는 최종 경고는 명확하다. 보수는 '이기는 정당'이 아니라 '이길 수 있었던 정당'이다. 기회는 있었고, 조건도 갖춰졌지만, 스스로 놓쳤다. 정당이 단순한 선거기계가 아니라면, 지금 필요한 것은 정치적 지도 다시 그리기다. 보수정당이 그려야 할 지도는 단지 "이기기 위한 지도"가 아니라 "믿음을 회복하기 위한 경로도"여야 한다.

보수의 유산은 박물관에 보존될 유물이 아니다. 그것은 오늘의 과제를 해결할 실천적 자산이어야 한다. 전통은 시대와 호흡할 때 살아 있고, 그 해석과 갱신을 멈춘 순간부터 쇠퇴한다. 법치는 시민의 자유를 수호하는 질서로 작동해야 하며, 안보는 국제 전략과 동맹을 통해 진화해야 하고, 시장경제는 공정한 기회와 규칙이라는 기반 위에서만 정당성을 획득할 수 있다.

이제, 28년의 여정이 보여준 패턴을 더 이상 회피하지 말자. 그 안에서 무엇이 승리로 이끌었고, 무엇이 패배로 무너졌는지 해독해야 한다. 그 해독이 곧, 보수의 재구성을 위한 첫 지도가 될 것이다. 변화 없는 보수에게 국민은 더 이상 기회를 주지 않는다. 다음에는 다를 것인가? 그 답은 숫자가 아니라 의지에 달려 있다. 28년의 성적표는 완성됐다. 이제 새로운 성적표를 만들어야 할 시간이다.

보수정당 패배 패턴

정치는 언제나 승자를 기록하지만, 진정한 성찰은 패자의 자리에서 시작된다. 승리는 순간의 환호로 기억되지만, 패배에는 구조적 원인과 맥락이 숨겨져 있다. 패배는 진실을 보여준다. 그 안에는 변화를 외면한 오만과 민심을 읽지 못한 무지가 담겨 있다.

보수정당의 지난 28년은 구조적 악순환의 연속이었다. 단순한 개인의 실수나 일시적 전략 실패로 설명할 수 없는 깊은 문제가 있었다. 그 중심에는 세 가지 병리적 징후가 뿌리처럼 자리해왔다. **도덕성의 파산, 리더십의 실종, 그리고 내부의 분열**이다. 이들은 각기 하나만으로도 정당의 생명력을 잠식하지만, 동시에 출현할 때는 정치적 생태계를 송두리째 붕괴시키는 촉매가 된다.

선거는 단 한 번의 결단으로 기록되지만, 그 패배는 긴 침묵과 외면의 누적으로 태어난다. 민심은 하루아침에 돌아서지 않는다. 국민은 조용히 경고하고, 천천히 멀어진다. 정당이 애써 외면한 균열과 불신이 축적되어, 마침내 선거라는 형식 속에서 폭발하는 것이다.

이 장에서는 보수정당이 마주한 네 번의 결정적 패배를 해부한다. 이 패배들은 단순한 정권 교체의 기록이 아니라, 보수가 외면하거나 간과해온 구조적 문제들이 어떻게 선거라는 이름으로 응징되었는지를 보여주는 정치적 진단서다. 보수정당의 실패 원인을 다음 네 가지 사례를 통해 자세히 분석하겠다.

첫 번째 충격:
1997년 흔들린 도덕성과 갈라진 표

1997년 초여름까지 한나라당 내부는 느긋했다. 이회창 후보는 40% 안팎의 고정 지지율을 확보하며 '정권 재창출은 시간문제'라는 분위기를 굳혔다. 대법관과 국무총리를 지낸 이력, 한보 사태와 김현철 게이트에서 한 발 비켜 있던 '클린'

이미지는 그해 여권이 잃어버린 도덕적 명분을 회복해 줄 마지막 카드처럼 보였다. IMF 기운이 서서히 번지던 불안한 경제 상황은 오히려 '유능하고 깨끗한 관리자'에 대한 갈증을 키웠고, 여론조사마다 이회창의 이름 옆에는 '도덕성과 실력'이란 수식어가 빠짐없이 붙었다.

그러나 8월 말, 두 아들의 병역 면제 의혹이 터지면서 판세는 순식간에 뒤집혔다. 장남 179 ㎝·45 kg, 차남 165 ㎝·41 kg—입대를 앞두고 체중이 극단적으로 줄어 재검 면제를 받았다는 내용은 당시 상식 선에서 받아들이기 힘들었다. 호황기에 입사해 회사 기둥이라던 가장들이 하루아침에 IMF 한파로 실직하던 시점이었기에, 국민 정서는 '특권층의 편법'에 극도로 예민해져 있었다. 이회창의 최대 자산이었던 도덕성이 몇 줄짜리 기사 한 장으로 무너진 순간이었다.

도덕성 위기는 즉시 리더십 시험대로 이어졌다. 캠프는 "법적 절차를 거친 합법적 면제"라는 관료식 해명만 되풀이했고, 후보 본인은 며칠 동안 침묵으로 일관했다. 뒤늦게 연 기자회견에서도 '사실 관계를 밝히겠다'는 원론을 넘지 못했고, 진정성 있는 사과는 끝내 나오지 않았다. 여론은 더 차가워졌고, '도덕성·전문성·관리능력'이라는 이회창 3대 장점 중 두 개가 사실상 손상됐다. 특히 20·30대 유권자는 "불통·권위적" 이미지를 이유로 빠르게 이탈하기 시작했다.

여론 흐름이 출렁이는 사이, 내부 분열이 겉으로 드러났다. 경선에서 패배한 이인제는 국민신당을 창당해 독자 출마를 선언했고, 보수표의 5분의 1가량을 가져갔다. 11월 말 여론조사는 김대중 32%, 이회창 27~31%, 이인제 20% 안팎을 기록하며 완전한 3강 구도를 알렸다. 캠프는 '단일화는 없다'며 독자 완주를 택했지만, 이인제 측도 물러서지 않았다. 이 순간, 보수가 가장 취약한 고질병―'승기를 잡은 쪽이 먼저 오만해지고, 패자는 돌아오지 않는다'―이 재연됐다.

김대중은 반대로 연합정치의 묘수를 뒀다. 충청의 김종필과 손잡은 DJP 연합은 표면적으로는 호남과 충청의 결속이었지만, 실질적으로는 "김종필에게 총리와 지역 내 국책사업 주도권을 보장한다"는 현실적 이해가 맞물린 '거래형 연합'이었다. 충청권 유권자 다수는 이 공식을 통한 실익을 계산했고, 결과는 해당 지역에서의 완승으로 나타났다. 충남 48.25%대 23.5%, 충북 37.4%대 30.8%―지역 표심이 선거 전체를 좌지우지하던 1990년대 후반 구도에서 이 격차는 결정적이었다.

선거 막판의 하루하루는 롤러코스터였다. 병역 의혹 보도 이후 40%대 초반에서 30%대 후반으로 떨어진 이회창 지지율은 부정 기사가 나올 때마다 출렁였고, 캠프는 대응 시나리오를 바꾸지 못한 채 '정책공약 집중' 전략만 반복했다. 12

월 18일 밤 개표 방송은 최종 수치를 알렸다. 김대중 40.27%, 이회창 38.75%, 이인제 19.20%. 390,557표, 1.52%포인트 차이로 10년 집권이 막을 내렸다. 다 합치면 57.95%에 이르는 보수표가 분열된 채 재결합하지 못한 결과였다.

1997년 대선은 이후 보수정당 선거 전략의 '오류'를 남겼다. 첫째, 도덕성 자산은 한순간에 붕괴해도 복구에는 긴 세월이 필요하다. 병역 의혹 그림자는 2002년 대선까지 이회창을 따라다녔다. 둘째, 분열된 보수는 승리의 선행조건을 충족해도 정권 주도권을 잡지 못한다. 57% 잠재 지분이 있어도 선거 승리는커녕 기선조차 잡지 못하는 현실을 증명했다. 셋째, 경제·사회적 위기 국면에서 유권자는 '정책 능력'보다 '진정성·소통·책임감'을 먼저 심판한다. 이회창이 보여 준 관료적 화법과 늑장 대응은, IMF 충격을 맞은 국민에게 '내 삶을 이해하지 못하는 리더'라는 확신만 심어주었다.

이 패배는 동시에 이후 보수가 반복적으로 맞닥뜨릴 악순환의 예고편이기도 했다. 2002년의 재도전, 2017년의 24% 참패, 2025년의 41% 벽—모두가 도덕성·리더십·분열이라는 삼중 병리가 모습을 달리해 되살아난 결과였다. 1997년, 보수는 '질 수 없는 선거'를 잃었다. 그리고 그날의 교훈을 흡수하지 못한 채, 같은 돌부리에 다시 발이 걸리는 28년의 기록을 쓰게 된다.

두 번째 자멸:
2004년 탄핵 역풍이 만든 참패와 반전의 씨앗

2004년 3월 12일 오전 11시, 국회 본회의장을 긴장감이 뒤덮었다. 한나라당이 주도한 노무현 대통령 탄핵소추안이 표결에 부쳐졌고, 결과는 찬성 193표·반대 2표. 표면적 명분은 대통령이 기자회견에서 "열린우리당을 지지해 달라"는 발언을 한 것이 공무원의 정치적 중립 의무를 위반했다는 점이었다. 친인척 비리, 경기 침체, 정국 혼란으로 지지율이 내려가던 시점이었기에 한나라당은 법률 검토 결과를 근거 삼아 '법치주의 수호' 프레임으로 밀어붙였다. 정권 교체의 공신이 될 것이라는 자신감까지 감돌았다.

그러나 결정적 패인은 국민 정서를 읽지 못한 오만이었다. 대다수 유권자는 "대통령의 그 정도 발언이 탄핵 사유가 되느냐"는 상식적 의문을 품었다. '법률 위반' 논리를 앞세운 국회가, 국민이 직접 선출한 대통령을 끌어내리는 절차적 폭력을 행사했다고 느꼈다. 탄핵안 가결 직후 청계천과 광화문에 촛불이 켜졌고, 20·30대가 거리로 쏟아져 나왔다. 2002년 대선을 함께 만든 세대에게 탄핵은 단순 정당 지지 차원을 넘어 '민주주의에 대한 위협'으로 읽혔다.

여론조사도 이를 증명했다. 탄핵 반대 65.2%, 찬성 30.9%.

국민 다수는 국회가 민의를 왜곡했다고 판단했고, '법치'라는 한나라당의 메시지는 '민주주의 수호'라는 열린우리당의 감정 프레임에 압도당했다. 더구나 한나라당은 "시간이 지나면 이해할 것"이라며 무대응 전략을 고수했고, 탄핵의 정당성을 자세히 설명하지도 못했다. 반면 열린우리당은 촛불시위와 '시민 저항' 이미지를 결합해 분노를 조직화했다.

한 달 뒤 치른 4·15 총선 결과는 충격적이었다. 열린우리당이 152석을 확보한 반면 한나라당은 121석에 그쳤다. 16년 만의 여대야소(與大野小)였고, 특히 수도권에서 민심이 완전히 돌아서 서울 16석, 경기 14석, 인천 3석만 남았다. 대통령 탄핵을 주도하며 자신만만했던 '승리 공식'이 정반대의 역풍을 일으켜 보수 진영을 궤멸 직전까지 몰아넣은 순간이었다.

그러나 참패는 동시에 전환점이 되었다. 당 지도부가 총사퇴하고 비상대책 체제로 전환되면서, 낡은 기득권 이미지를 걷어내기 위한 자구 노력이 시작되었다. 고비용 구조를 과감히 축소하고 현장 중심의 당 운영을 선언한 뒤, 주요 인사들이 전국을 돌며 직접 사과와 반성의 메시지를 전했다. 이러한 행동은 뼈를 깎는 쇄신 의지를 보수 유권자에게 각인시키며, 2005년 재·보선, 2006년 지방선거, 2007년 대선으로 이어지는 반격의 서막을 여는 계기가 되었다.

2004년 탄핵 역풍이 남긴 교훈은 분명하다. 첫째, 정치적

'합법성'이 '정당성'을 자동으로 보장하지 않는다. 법률 논리가 국민 다수의 상식과 충돌하면, 민심은 언제든 제도권을 심판한다. 둘째, 감정 프레임이 법치 프레임을 압도할 때 설득 없는 원칙 고수는 곧 오만으로 비친다. 마지막으로, 위기는 쇄신의 기회가 될 수도 있다. 총선 참패 직후의 과감한 자기 해체와 구조 조정이 있었기에 보수는 다시 지지층을 결집할 수 있었다. 이 '자멸과 반전'의 연속성은 이후 보수정당 혁신 전략의 영구 과제가 되었다.

세 번째 재앙:
2013~2020년 붕괴로 이어진 연속 몰락의 나선

박근혜 정부의 추락은 단발성이 아니라 집권 초부터 누적된 구조적 결함이 임계점에 다다른 결과였다. 출범 직후부터 청와대는 장벽을 높였다. 대통령은 당 지도부와의 정례 회동을 최소화했고, 주요 정책 결정에도 여당의 의견을 크게 반영하지 않았다. "대통령이 결정하면 당은 따른다"는 일방적 당·정 관계가 고착되면서, 견제와 조율의 안전장치는 애초에 제거됐다.

조직 폐쇄성은 위기 상황에서 맨 먼저 드러났다. 2014년 4

월 세월호 참사 당시 '7시간 공백' 속수무책, 2015년 메르스 사태의 초기 미숙한 대응은 정부를 무능의 상징으로 각인시켰다. 불안과 분노가 퍼져도 청와대는 설명보다 침묵을 선택했고, "소통 부재"라는 꼬리표가 국정 전반에 달라붙었다.

치명타는 2016년 10월 JTBC가 공개한 태블릿PC였다. 최순실이 대통령 연설문과 기밀 문건을 사전에 받아 고쳤다는 사실은 '무능' 수준을 넘어 헌정 질서 붕괴를 의미했다. 이어진 정유라 부정 입학, 미르·K스포츠재단 강제 모금 의혹은 최측근 비선 구조와 결합해 "이게 나라냐"는 격렬한 회의를 촉발했다. 10월 말 3만 명이 들었던 촛불은 한 달 만에 100만 명으로 번져, 한국 정치사상 최대 규모의 평화집회로 성장했다.

거대한 분노 앞에서 새누리당은 리더십을 상실했다. 친박계는 끝까지 대통령을 엄호했고, 비박계는 당의 생존을 위해 결별을 택했다. 내부 균열 끝에 2016년 12월 비박계 30명이 탈당해 바른정당을 창당했고, 기존 새누리당은 자유한국당이라는 새 간판으로 겨우 연명했다. 이미 늦은 뒤였다. 2017년 3월 10일 헌법재판소의 만장일치 탄핵 인용 결정은 대통령뿐 아니라 보수정당의 도덕적 기반까지 무너뜨렸다.

후폭풍은 즉각 표로 돌아왔다. 2017년 조기 대선에서 자유한국당 홍준표 후보는 24% 득표에 그쳤고, 부산·울산까지 내주며 "영남 텃밭"마저 흔들렸다. 복구의 기회는 2020년 총선에서 완전히 사라졌다. 코로나19 초기 K-방역 성공으로 더불어민주당이 신뢰를 얻는 동안, 미래통합당은 명확한 대안 없이 반대만 거듭했다. 결과는 민주당 180석, 미래통합당 103석—수도권 121석 중 17석 확보라는 사실상의 지역정당화였다.

2013년부터 2020년까지 이어진 몰락은 세 가지를 증명한다. 첫째, 폐쇄적 리더십은 사소한 실책도 국정 전반의 위기로 증폭시킨다. 둘째, 위기 대응에서의 무능과 불통은 정권뿐 아니라 지지 기반까지 함께 침몰시킨다. 셋째, 분열된 보수는 민심 회복의 순간조차 활용하지 못한다. 촛불이 준 경고를 외면하고 구조 개혁에 실패한 대가는, 연속된 패배와 정권 교체 이후까지 이어진 광범위한 신뢰 상실이었다.

네 번째 경고:
2025년 조기 대선이 던진 마지막 심판

2025년 6월 3일 밤, 개표 결과가 속속 발표되었다. 개표 결과 이재명 49.42%, 김문수 41.15%로 김문수가 8.27%포인트 차로 석패했다. 겉으로는 근소한 차이지만, 이 선거는 국민이 다시 보수정당에 최종 심판을 내린 패배였다.

이것은 단순한 정권 교체가 아니었다. 그것은 2020년,

2024년 총선에 이어 또다시 실패한 보수정당에 대한 국민의 최종 심판이었고, 총선 3연패의 늪에서 빠져나오지 못한 정당에 대한 마지막 경고였다.

2024년 총선 참패와 그 후유증

패배의 뿌리는 불과 1년 전으로 거슬러 올라간다. 2024년 4월 10일, 보수정당은 헌정사상 집권여당 최악의 총선 참패를 당했다. 더불어민주당과 더불어민주연합 175석, 국민의힘과 국민의미래 108석. 수도권에서 20석도 확보하지 못한 그 순간, 보수는 지역정당으로 전락했다. 수도권 도시들은 민주당의 아성이 됐고, 민주당이 이기는 게 정상이고 국민의힘이 이기는 게 이변이라는 말이 당연시되는 시대가 된 것이다.

그때 보수정당은 뼈아픈 자성의 시간을 가져야 했다. 하지만 현실은 달랐다. 당의 쇄신을 위해 시급히 필요했던 총선백서는 계파갈등에 매몰되어 무려 200일 동안 출간되지 못했다. 한동훈 대표의 책임론을 둘러싼 논란, 친윤계와 비윤계 간의 대립이 백서 발간 자체를 인질로 잡았다. 마침내 공개된 총선백서 '마지막 기회'는 패배의 해부도를 드러냈지만, 정작 당내 분열만 더욱 깊어졌.

총선백서 위원장으로서 이 과정을 지켜보며 깊은 자괴감을 느꼈다. 200일간 매주 위원회를 열었지만, 절반은 계파

간 공방으로 시간을 허비했다. '패배 원인 분석'이라는 본래 목적보다 '책임 추궁'과 '면죄부 찾기'에 더 많은 시간을 쏟았다. 나는 중재자가 되어야 했는데, 오히려 갈등의 한복판에 서게 되었다. 백서가 치유의 도구가 아니라 분열의 씨앗이 되는 것을 막지 못한 책임이 크다. 당원들과 국민들께 송구한 마음을 금할 길이 없다.

그럼에도 백서는 냉혹한 진실을 담고 있었다. 가장 치명적이었던 것은 불안정한 당정 관계였다. 이종섭·황상무 이슈 8.90점, '대파' 논란 8.75점, 김건희 여사 명품가방 수수 논란 8.51점—10점 만점의 악재가 연이어 터졌으나 위기 대응 시스템은 작동하지 않았다. 참고로 백서가 적용한 '위기관심도 지수'는 0점이 "무시해도 될 수준", 10점이 "조직 전체를 뒤흔드는 치명적 위기"를 뜻한다. 8점대 후반은 이미 '준 붕괴 단계'로 간주된다. 그러나 정부와 여당은 각자 법리적·정치적 논리에 갇혀 통합 전략을 세우지 못했고, 특히 김건희 여사 논란은 도덕적 기반을 뿌리째 흔들었음에도 정부는 법리 해명에, 여당은 수습 논리만 반복하며 엇박자를 거듭했다.

더 큰 문제는 총선 참패 이후에도 구조적 한계가 전혀 해결되지 않았다는 데 있었다. 오히려 사태는 악화됐다. 정부는 여전히 "우리가 정하면 끝"이라는 식으로 정책 권한을 독점했고, 여당은 예전처럼 무조건 따르기보다는 공개적으로 제동을 걸기 시작했다. 그러나 그 제동이 협력적 수정이 아니라 일종의 정면충돌에 가까웠다. 집권여당이면서도 정부 정책을 야당처럼 비판하거나, 야당 공격에만 몰두해 정작 국정 운영의 주도권은 스스로 내려놓는 모습이 이어졌다.

이런 현상은 국민들에게 심각한 혼란을 안겼다. 과연 누가 국정을 책임지고 있는지, 정부와 여당 중 어느 쪽의 말을 믿어야 하는지 분간하기 어려워졌다. 집권 세력 내부의 이런 갈등은 국정 전반의 신뢰도를 크게 훼손했다. 바로 이런 상황에서 2024년 12월 3일 밤의 극단적 선택이 나온 것이었다.

2025년 조기 대선이 보여준 구조적 변화

2024년 12월 3일 밤 10시 27분, 윤석열 대통령의 비상계엄 선포가 모든 것을 뒤바꿔놓았다. 2025년 조기 대선은 그래서 예견된 시나리오였다. 보수정당은 또다시 준비되지 않은 채 선거에 임해야 했고, 그 결과는 2024년 총선 참패의 연장선이었다.

가장 결정적인 신호는 중도층의 완전한 이탈이었다. 2022년 대선에서 이재명과 윤석열이 중도층에서 보인 근소한 차이는 2025년에 압도적인 격차로 벌어졌다. 중도층에서 이재명이 김문수를 크게 앞서며, 2024년 총선에서 시작된 중도층 이탈이 더욱 심화된 결과였다.

더욱 참담한 것은 지지의 질이었다. 여론조사에 따르면 김문수를 지지한 유권자 중 상당수가 싫어하는 특정 후보를 막기 위해 투표했다고 답했다. 김문수 자체에 대한 적극적 지지는 상대적으로 낮았다. 반면 이재명 지지자들의 적극적 지지 비율은 훨씬 높았다. 이는 보수정당이 더 이상 선택받는 정당이 아니라, 차악으로 택해지는 정당으로 전락했음을 의미했다.

결정타는 윤석열 대통령의 비상계엄 선포가 보수정당에 안긴 치명상이었다. 심지어 김문수 지지자 중에서도 49%가 비상계엄을 과도하거나 위헌적인 조치로 평가했다. 정당하고 적절한 조치라고 평가한 김문수 지지자는 16%에 그쳤다. 보수 지지층 내부에서조차 거부감이 확산된 것이다.

마지막 경고: 변화하지 않으면 살아남을 수 없다

결국 이 모든 데이터와 징후들이 가리키는 방향은 하나였다. 한국 정치가 완전히 새로운 지형에 접어들고 있다는 사실이었다. 보수-진보, 영남-호남, 젊은 층-기성세대라는 기존 구도가 모두 흔들리고 있었다. 정치적 좌표는 바뀌었고, 유권자의 눈높이도 달라졌다.

보수정당이 더 이상 반진보만으로는 설득력을 가질 수 없는 시대가 되었다. 상대를 부정하는 것만으로는 결코 신뢰를 얻을 수 없었다. 이재명은 싫지만, 김문수도 좋아하지 않는다는 유권자의 내면을 바꾸지 않는 한, 승리는 멀어질 수밖에 없었다.

2025년 조기 대선은 그래서 2016년, 2020년, 2024년 총선 3연패의 연장선에서 벌어진 마지막 심판이었다. 2020년에는 코로나 방역 실패와 극단적 메시지로 103석에 그쳤고, 2024년에는 불안정한 당정관계와 도덕성 실추로 108석에 머물렀다. 그리고 2025년, 비상계엄의 충격 속에서 조기 대선마저 패배했다. 세 번의 총선 패배가 예고했던 구조적 한계가 대선 패배로 완성된 것이다.

변화하지 않으면 살아남을 수 없다. 보수정당 앞에는 '이제 무엇을 바꿀 것인가?'라는 긴급한 과제가 놓여 있다.

패배에서 길어 올린 교훈들

정치는 늘 승리를 꿈꾸지만, 진정한 성찰은 패배에서 비롯된다. 1997년, 2004년, 2016~2020년, 그리고 2025년. 보수정당이 겪은 네 번의 결정적 참패는 각각 다른 시대의 풍경 속에서 일어났지만, 그 안에는 분명히 반복되는 오류의 패턴이 존재했다. 그 실패들은 단지 과거의 기록이 아니다. 우리가 앞으로 무엇을 지켜야 하고, 무엇을 바꾸어야 하는지를 말해주는 경고장이며, 동시에 다시 시작할 수 있는 나침반이다.

과거 패배 비교 분석

구분	1997년 대선	2004년 대선	2016~2020년	2025년 대선
주요 패인	도덕성+분열	국민여론 오판	도덕성+분열+리더십	중도층 이탈+소극적 지지
도덕성 이슈	병역 특혜	해당없음	국정농단	비상계엄 여파
내부 분열	이인제 분당	해당없음	친박-비박 내전	윤석열 정부와의 거리두기
외부 환경	IMF 위기	경제 어려움	촛불 혁명	헌정질서 혼란
대응 방식	뒤늦은 해명	끝까지 고집	침묵과 물타기	변별력 부족
결과	간발의 차 패배	16년만 여소야대	정권 붕괴	중도층 완전 이탈

첫째, 도덕성은 선택이 아니라 생존 조건이다. 1997년의 병역 특혜 논란, 2016년의 국정농단 사건은 리더 개인의 도덕적 흠결이 보수 전체의 몰락으로 이어질 수 있다는 사실을 보여주었다. 보수정당은 언제나 더 높은 도덕성을 요구받는다. 따라서 단순히 선거에 이길 수 있는 인물보다, 위기에도 도덕적으로 설득력 있는 리더를 선별해야 한다.

이를 위해서는 당내에 도덕성 검증위원회를 상설화하고, 후보자의 재산과 병역, 학력 등 주요 정보를 의무적으로 공개하는 시스템을 구축해야 한다. 더 중요한 것은 의혹이 발생했을 때의 대응이다. 24시간 내 초기 대응 매뉴얼을 마련하고, 변명보다는 진정성 있는 해명과 사과를 우선시하는 문화를 정착시켜야 한다. 도덕성은 협상의 대상이 아니라, 정당 생존의 기준이다.

둘째, 민심을 거스르는 정치에는 반드시 대가가 따른다. 2004년 총선은 국민 여론을 경시한 정치의 비극을 가장 극명하게 보여준 사례다. 정치인은 때때로 옳다고 믿는 신념을 말하지만, 민심이 그것을 받아들이지 않으면 그 정치는 실현되지 않는다.

따라서 이제는 정책보다 민심을 먼저 읽는 정당, 결정보다 소통을 먼저 하는 정당이 되어야 한다. 실시간 여론 모니터링 시스템을 구축하고, 세대별로 차별화된 커뮤니케이션 채널을 운영해야 한다. 특히 디지털 미디어 중심의 소통 전략을 통해 젊은 세대와의 접점을 넓히고, 주요 정책에 대한 국민 대상 설명회를 정례화하여 민심과 정당 사이의 거리감을 줄여야 한다. 정치는 독백이 아니라 대화이며, 설득은 일방적 주장이 아니라 상호 이해에서 시작된다.

셋째, 내부 분열은 외부 공격보다 더 치명적이다. 1997년 이인제의 탈당과 2017년 바른정당 창당은 모두 보수진영의 자해적 행동이었다. 선거에 앞서 내부가 쪼개지는 정당이 국민의 신뢰를 받을 수는 없다. 어느 시대든 승리는 통합의 산물이다. 보수정당은 이제 갈등 조정 시스템을 공식화하여, 내부의 불협화음을 공개 분란으로 번지기 전에 수습할 수 있어야 한다.

특히 선거 직전에는 당내 이탈을 차단하는 탈당 금지 조항과 같은 제도적 장치도 필요하다. 경선 이후에는 승자뿐 아니라 패자도 당의 전략에 기여할 수 있도록 적절한 역할을 부여하고, 나아가 집단지도체제 등을 도입해 당내 권력 분산으로 특정 계파의 전횡을 막는 구조로 전환해야 한다. 분열은 약함의 표시가 아니라 미성숙의 증거다.

넷째, 위기 대응 능력이 진정한 리더십이다. 1997년의 이회창, 2016년의 박근혜 모두 위기 국면에서 침묵하거나 방어적 태도로 일관했다. 정치는 위기에서 진짜 실력이 드러나는 무대다. 당은 위기 발생 시 골든타임 내에 상황을 수습할 수 있는 위기관리 매뉴얼을 갖추고, 법률과 언론, 여론 등 각 분야 전문가로 구성된 상시 자문단을 운영해야 한다. 3시간 내 초기 대응, 24시간 내 종합 대응이라는 원칙을 세우고, 위기 시 신속하고 일관된 커뮤니케이션이 가능하도록 전문 소통 인력을 양성하고 배치하는 전략이 절실하다. 위기는 피할 수 없지만, 대응은 선택할 수 있다. 그 선택이 정당의 미래를 결정한다.

다섯째, 시대 변화에 둔감하면 도태된다. 특히 2016년 이후, 보수정당은 청년 세대와의 소통에 실패하며 '낡은 정치'라는 인식을 심화시켰다. 더 이상 정치 경험만으로는 시대를 이해할 수 없다. 젊은 세대가 존경할 수 있는 리더를 발굴하고, 디지털 시대에 맞는 소통 방식을 터득해야 한다.

청년 정치인 육성 프로그램을 통해 새로운 세대의 목소리를 당내에 반영하고, 당무의 디지털 전환을 통해 업무 효율성과 투명성을 높여야 한다. 트렌드 분석 전담팀을 운영하여 사회 변화의 흐름을 선제적으로 파악하고, 세대 통합 프로그램을 통해 보수정당이 '올드 보수'가 아닌 '미래 보수'로 진화할 수 있도록 해야 한다. 변화를 두려워하는 보수는 보수가 아니라 수구다.

여섯째, 미래를 선도하지 않는 보수는 생존할 수 없다. 단순한 전략의 차원을 넘어 보수의 비전과 철학을 새롭게 정립해야 한다. 무엇을 지키고자 하는지, 누구를 위한 정당인지에 대한 본질적 질문에 답하지 못하면 모든 실용적 대안은 공허해진다. 이제는 21세기형 보수철학을 재정립할 때다.

보수가 다시 일어서려면 먼저 '자유·책임·연대'라는 핵심 가치를 21세기 언어로 재해석해야 한다. 이 토대 위에서 지역·계층·세대를 아우르는 포용적 정체성을 설계하고, 10년, 20년 뒤 대한민국을 구체적으로 그려 내는 장기 비전을 제시해야 한다. 정당은 선거 때만 작동하는 기계가 아니라 사회

발전을 이끄는 지속적 동력이어야 하며, 보수는 과거를 수호하는 진영이 아니라 미래를 책임지는 철학이어야 한다. 비전 없이 권력만 공유하려는 보수는 결국 기득권 카르텔에 불과하다.

결국 네 차례의 쓰라린 패배가 던진 메시지는 단순하다. 변화하지 않으면 생존할 수 없다. 하지만 이것은 절망의 통보가 아니라, 이미 무엇을 고쳐야 하는지 알게 된 데에서 비롯된 희망의 신호다. 잘못된 패턴은 드러났고, 실천 가능한 처방도 마련되었다. 값비싼 학습비를 치른 만큼 이제는 성과를 증명할 차례다.

역사는 되풀이되지만, 교훈을 행동으로 옮기는 정당만이 반복의 굴레를 벗어난다. 실패는 고통스럽지만, 그 안에 담긴 통찰은 정당의 운명을 바꿀 자산이 된다. 이제 남은 과제는 그 통찰을 실행으로 옮길 용기와 의지뿐이다. 패배가 알려 준 것이 있다면, 이제는 승리가 우리에게 무엇을 요구했는지를 살필 차례다. 다음 장에서는 보수가 성공했던 순간들을 되돌아보며, 재기의 실마리를 찾아본다.

네 번의 참패에서 도출한 보수정당 6가지 재건 전략

핵심교훈	문제 사례	전략 방향	실행 장치
도덕성은 생존 조건이다	1997 병역 특혜, 2016 국정농단	리더·후보 도덕성 철저 검증	도덕성 검증위, 가족 포함 사전 점검, 24시간 대응 매뉴얼
민심을 무시하면 패배한다	2004 탄핵 역풍	민심 동기화·정책 소통 강화	실시간 여론모니터링, 디지털 공감 채널, 정책 설명회 의무화
내부 분열은 자살 행위	1997 이인제 분당, 2017 바른정당	단결의 제도화·경선 승복문화	분당방지조항, 집단지도체제, 갈등 조정팀 운영
위기 대응이 리더십이다	2016-2017 침묵과 회피	신속·통일된 대응 체계 구축	골든타임 매뉴얼, 전문가 자문단, 위기 커뮤니케이션 TF
시대 감각을 놓치면 낙오한다	2020 디지털 정치 무능	세대 통합과 미디어 혁신	청년 발굴 프로그램, 디지털 전환, 트렌드 분석팀
비전 없는 보수는 생존할 수 없다	선거 중심 정당으로 전락	21세기형 가치 재정립	자유·책임·연대 중심 철학, 장기 비전, 정책 브랜드화

Part II. 교훈

보수정당 승리 공식

    정치에서의 승리는 결코 우연이 아니다. 적은 표 차이는 우연일 수 있지만, 압도적인 승리는 준비된 기획과 응축된 흐름의 결과다. 민심의 물결을 읽어내고 시대가 갈망하는 언어를 찾아내는 것, 그리고 리더가 이를 설득력 있게 전달하는 세 가지 요건이 모두 갖춰져야 비로소 '승리'를 얻을 수 있다. 그것은 단순히 득표를 넘어, 시대와의 합일이다.

    지난 28년의 보수정당 역사에서 가장 뚜렷한 승리의 순간은 단연코 두 번이다. 하나는 2007년과 2008년, 이명박이 대선과 총선을 연이어 장악했던 연속 승리. 다른 하나는 2012년, 박근혜가 보수의 총의를 모아 대통령에 오른 역사적 승리다. 이 두 순간에는 전략의 정밀함, 메시지의 일관성, 그리고 무엇보다 '시대를 꿰뚫는 감각'이 있었다. 민심을 따라간 것이 아니라, 민심을 앞서서 길을 냈다.

두 사람은 각각 다른 방식으로 시대의 갈증에 답했고, 그 응답은 전략으로 체화되었다. 이명박은 '실용'이라는 이름의 절박함에, 박근혜는 '포용'이라는 이름의 간절함에 정확히 부응했다. 이명박은 대선과 총선을 모두 쓸어담으며 행정부와 입법부를 동시에 장악했고, 박근혜는 보수의 마지막 골든타임을 정밀하게 조직해냈다. 두 승리는 단지 흐름을 탄 것이 아니라, 흐름을 만들고, 구조를 짰으며, 감정을 설계한 결과였다.

정치는 감정과 구조가 만나는 장소다. 이 두 승리는 바로 그 만남이 얼마나 정교해야 하는지를 보여주는 살아 있는 사례다. 단순히 인물의 매력이 아니라, 그 인물이 말하는 언어, 대표하는 감성, 설계하는 미래가 유권자에게 어떻게 닿았는지를 보여주는 실제 사례다. 물론 2007년, 2012년은 지금과 환경이 다르다. 하지만 민심을 읽는 방법과 메시지를 만드는 원칙, 그리고 시대정신을 포착하는 감각은 변하지 않는다.

이 장에서는 그 승리의 공식을 다시 하나씩 복원해보고자 한다. 왜냐하면 진정한 승리란 과거를 축하하는 일이 아니라, 미래를 설계하는 일이기 때문이다.

이명박의 선택:
절망을 희망으로 바꾼 단 하나의 무기

2007년 초, 한나라당은 무거운 침묵에 싸여 있었다. 2004년 총선에서 탄핵 역풍을 정통으로 맞고 야당으로 전락한 지 3년. 노무현 정부에 대한 실망감이 커지고 있었지만, 뚜렷한 대안은 보이지 않았다. 박근혜와 이명박 사이의 경선이 점점 뜨거워졌지만, 누가 이길지 누구도 장담할 수 없었다.

그때 한 사건이 대선 지형 전체를 흔들었다. 2007년 4월 16일, 미국 버지니아 공대에서 한국계 유학생 조승희가 32명을 살해하고 17명을 부상케 한 총기 난사 사건이 벌어졌다. 미국 역사상 최악의 대학 캠퍼스 참극이었고, 전 세계가 충격에 빠졌다. 이 비극은 단순한 범죄 사건이 아니었다. 국내 언론은 사건의 배경을 분석하며 경제적 불안과 사회적 소외가 폭력으로 이어졌다는 식의 해석을 쏟아냈다. 한국사회도 예외는 아니라는 경고였다.

이명박 캠프는 이 분위기를 포착했다. 사회 불안, 외교 문제, 심지어 충격적인 사건까지 '경제'라는 프레임 안에 넣었다. "모든 문제의 근원은 경제다. 해답 역시 경제에 있다." 이 단순한 메시지는 놀라울 정도로 일관되게 반복됐다. 복잡한 문제를 하나의 명료한 해법으로 압축하는 능력. 그것이야말로 정치가가 대중의 지지를 얻는 비결이었다.

"7% 성장, 4만 달러 소득, 7대 경제 강국." 이명박의 747 공약은 처음 듣는 순간 뇌리에 박혔다. 보잉 747기처럼 날아오르겠다는 뜻의 이 숫자 조합은 초등학생도 외울 수 있을 만큼 단순했고, 동시에 강력했다. 희망이 필요했던 시대, 이 숫자는 그 자체로 꿈이었다. 이 공약이 강력했던 이유는 네 가지였다. 구체성, 현실감, 희망, 차별화가 모두 담겨 있었다.

이명박의 가장 큰 무기는 경력이었다. 현대건설 사장에서 서울시장까지, 성공한 경영인의 이력이 있었다. 청계천 복원과 서울시 재정 흑자 전환은 '해냈다'는 명백한 증거였다. 이것이 바로 '실행력'이라는 이명박의 핵심 경쟁력이었다. CEO 출신이라는 사실 자체가 그의 신뢰도를 뒷받침하는 강력한 요소였다. 타이밍도 완벽했다. 참여정부의 경제 정책 실패를 지켜본 국민들은 '전문가'를 원했다.

이명박의 또 다른 키워드는 '실용주의'였다. 좌우 이념보다 결과를, 원칙보다 효과를 중시한다는 메시지였다. "좌우 이념은 국민 앞에서 무력하다"는 그의 선언은 이념에 질린 국민의 마음을 대변했다. 이런 탈이념적 메시지는 중도층에게 강력하게 어필했다. 특히 정치에 관심 없던 사람들이 이명박을 지지했다. "정치는 모르겠고, 경제만 살려달라"는 심리였다.

2007년 12월 19일, 대선 결과는 압도적이었다. 이명박 후보가 48.67%를 얻어 정동영 후보(26.15%)를 큰 격차로 앞섰다. 무려 22.52%포인트 차이였다. 이는 직선제 부활 이후 최대 득표차였다. 지역별로도 전국적 승리였고, 연령별로도 20대에서 60대까지 전 세대적 지지를 받았다.

3개월 후 2008년 4월 총선에서도 한나라당은 153석을 차지하며 과반을 확보했다. 득표율로는 51.2%로 통합민주당(27.1%)을 24.1%포인트 차로 압도했다. 집권 초기 지지율 상승을 보여주는 대표적 사례였다.

박근혜의 정치적 부상:
천막당사에서 2012년 대선 승리까지

2004년 3월 12일 노무현 대통령 탄핵소추안이 가결되자 한나라당은 역풍의 소용돌이에 빠졌다. 11일 뒤 새 대표로 선출된 박근혜는 "호화 여의도 당사에는 발을 들이지 않겠다"라 선언했고, 이 결정은 곧바로 행동으로 옮겨졌다. 3월 24일, 총선을 불과 세 주 앞둔 날 한나라당 현판은 여의도 옛 '중소기업종합전시장' 빈터—지금의 서울국제금융센터(IFC·콘래드 서울·IFC몰)가 들어선 자리—에 급히 세운 하얀 천막으로 옮겨졌다. 전기와 수도조차 없는 거친 공간이었지만, 누구든 드나들며 쓴소리를 퍼부을 수 있는 '열린 정치무대'가 되었다. 지도부의 발언은 사실상 생중계 수준으로 노출됐고, 한 번 한 약속은 곧장 행동으로 옮겨져야 했다.

84일간의 천막 생활 끝에 치른 4·15 총선에서 한나라당은 121석을 얻어 '80석 붕괴' 전망을 뒤집었다. 보수 혁신은 구호가 아니라 몸으로 보여 주어야 한다는 메시지가 진정성으로 증명된 순간이었다. 이후 박근혜에게 '선거의 여왕'이라는 별칭이 붙었고, 2006년 흉기에 쓰러진 직후 "대전은요?"라며 선거판을 걱정한 일화가 그의 정치적 집념을 상징했다.

이 천막 경험은 2012년 대선 전략의 토대가 되었다. 박근혜가 선택한 첫 번째 카드는 여당 후보이면서도 '변화'를 전면에 내세우며 현직 이명박 정부와 절묘하게 선을 긋는 일이었다. '미래와 변화'라는 슬로건은 차별화 선언이었고, 국민에게는 진정성으로 다가갔다. 둘째 카드는 의제 선점이었다. 무상보육·기초연금·무상급식 같은 복지 공약이 보수 후보의 입에서 자연스럽게 흘러나왔고, '경제민주화' 구상은 대기업 중심 성장 모델을 넘어 중소기업·자영업자를 보호하겠다는 약속으로 보수 내부 금기를 깼다.

셋째 카드는 포용이었다. '따뜻한 보수'라는 표현으로 약자를 배려하는 이미지를 구축해 중도층, 특히 40·50대 여성에게 호소했다. 마지막으로, 최초의 여성 대통령 후보란 상징성이 캠페인의 결정적 무기가 되었다. 어머니를 일찍 잃고 대통령이었던 아버지까지 비극적으로 떠나보낸 개인사는 희생과 헌신의 서사로 읽혔고, 남성 중심 정치에 지친 유권자들에게 신선한 변화를 상징했다.

  2012년 12월 19일 투표 결과는 박근혜 51.55%, 문재인 48.02%였다. 3.53%포인트 차이지만 과반 득표를 달성한 첫 보수 후보라는 사실이 더 크게 의미를 남겼다. 호남을 제외한 전 지역에서 선전했고, 역대 최다 득표 기록까지 세웠다. 돌이켜보면 여의도 당사를 떠나 맨땅 천막으로 간판을 옮겨온 2004년의 결단이 보수 혁신은 말이 아니라 행동으로 입증해야 한다는 기준을 세웠고, 그 기억이 2012년 승리를 가능하게 한 자산으로 축적돼 있었다. "모두에게 문을 열면 말의 무게가 달라진다"는 천막당사의 교훈이 8년 뒤 과반 승리라는 결과로 증명된 셈이다.

성공 공식의 해부: 승리는 우연이 아니다

두 차례의 압도적 승리는 이명박과 박근혜의 몫이었다. 둘의 정치적 배경도 다르고, 전략도 달랐다. 하지만 그 승리들에는 놀라운 공통점이 존재한다. 이는 단순한 우연이 아니라, 정치에서 반복적으로 작동하는 성공의 법칙들이었다.

보수정당 승리의 4대 공식

공식	문제 사례	전략 방향	실행 장치
시대정신	실용주의	포용정치	국민이 원하는 방향을 정확히 읽기
차별화	탈이념 경제논리	따뜻한 보수	기존 보수와 다른 새로운 모습
신뢰자본	CEO 실행력	첫 여성 대통령	개인적 매력과 역사적 상징성
연대	전략적 관계	동반자 관계	정책 추진의 정치적 뒷받침

공식 1: 시대정신을 한 단어로 압축하는 능력

성공의 첫 번째 법칙은 시대정신을 한 단어로 압축하는 능력이었다. 이명박은 '실용주의', 박근혜는 '포용정치'. 복잡한 설명도, 장황한 논리도 필요 없었다. 한 단어가 모든 것을 설명했다. 이는 단순한 마케팅이 아니라, 시대의 갈망을 정확히 읽어낸 통찰의 결과였다.

정치에서 가장 강력한 무기는 복잡한 시대의 무의식을 의식화하는 철학적 작업이다. 사람들이 막연히 느끼고 있지만 명확히 표현하지 못하는 감정을 정확한 언어로 번역해내는 것, 그것이 바로 시대정신을 포착하는 일이다. 이는 여론조사나 트렌드 분석만으로는 불가능하다. 사회의 깊은 곳에서 꿈틀거리는 변화의 조짐을 감지하고, 그것을 정치적 언어로 구현해내는 직관이 필요하다.

2007년, 참여정부 5년은 이념 갈등의 연속이었다. 동북아 균형외교, 과거사 논쟁, 평화번영정책—모든 이슈가 진보-보수 프레임으로 분열됐다. 국민은 지쳤다. 특히 중산층과 경제활동인구는 이념보다 생활을 우선시하기 시작했다. 이명박은 이 피로를 읽었다. '실용주의'는 이념을 넘어서겠다는 선언이 아니라, 이념에 질린 국민의 마음을 대변하는 언어였다.

그는 "좌우 이념은 국민 앞에서 무력하다"고 선언하며, 진부한 이념 논쟁 대신 '결과 중심의 정치'를 제시했다. 이때 중요한 것은 이명박이 보수의 가치를 버린 게 아니라, 그것을 시장 친화적이고 성과 지향적인 언어로 재포장했다는 점이다. 자유시장경제는 '경쟁력'으로, 개인의 책임은 '자립'으로, 작은 정부는 '효율성'으로 번역되었다. 보수의 철학은 유지하되, 그 표현 방식을 시대 감각에 맞게 바꾼 것이다.

2012년, 상황은 더 복잡했다. 광우병 사태, 4대강, 용산 참사, 세종시 논란까지 갈등이 누적됐다. 이명박 정부에 대한 실망감과 함께 사회 전반에 피로감이 확산되었다. 사람들은 더 이상 새로운 대립과 갈등을 원하지 않았다. 박근혜는 이를 '국민 대통합'으로 응축했다. 피로에 젖은 유권자들이 원하는 것은 새로운 갈등이 아니라 기존 갈등의 해소였다. 박근혜의 '포용정치'는 바로 그 욕구를 건드렸다.

박근혜의 전략은 더욱 정교했다. 단순히 갈등 해소를 말하는 것을 넘어, 보수정치의 온도를 바꾸었다. '차가운 보수'에서 '따뜻한 보수'로, '배타적 보수'에서 '포용적 보수'로의 전환을 선언한 것이다. 이는 보수 이념의 핵심은 유지하면서도, 그 적용 방식을 인간적이고 배려 깊게 만들겠다는 의미였다. 경제 성장은 추구하되 소외계층에 대한 배려를 함께 하고, 시장 원리는 존중하되 사회적 약자를 보호하는 안전망을 갖추겠다는 것이었다.

공식 2: 기존 정체성을 과감히 해체하는 용기

두 번째 성공 법칙은 기존 정체성을 과감히 해체하는 용기였다. 같은 보수정당 간판을 달고도 이명박과 박근혜는 완전히 다른 정당인 것처럼 보였다. 이회창의 연속 패배가 증명했듯, 기존 보수 이미지로는 승산이 없었다.

이명박은 '탈이념'이라는 파괴적 혁신을 선택했다. 반공, 자유주의 같은 전통 보수 상징어를 버리고 효율, 성과, 실행력을 내세웠다. "좌우 이념은 국민 앞에서 무력하다"는 그의 선언은 이념 정치 자체를 부정하는 것이었다. 기존의 추상적 가치 대신 '성장', '일자리', '실행력'과 같은 구체적인 언어를 강조했다. 실제로 2007년 대선에서 이명박은 20대와 30대에서 근소하게 앞섰으며, 결과적으로 전 세대에 걸친 지지를 확보했다. 탈이념 전략이 젊은 층에게도 어필했다는 증거였다.

박근혜는 더 과감했다. 진보가 독점하던 '복지'를 정면으로 가져왔다. 무상보육, 기초연금, 무상급식이 보수 후보의 입에서 자연스럽게 나왔다. '경제민주화'는 더욱 파격적이었다. 박근혜는 보수의 전통적 가치를 버리지 않으면서도, 그것을 완전히 새로운 방식으로 해석했다. 이는 '온정적 보수주의' 또는 '사회적 보수주의'라고 할 수 있는 새로운 보수 모델이었다. 실제로 2012년 대선에서 박근혜는 여성 유권자의 54.2% 지지를 받으며, 성별 격차를 뛰어넘는 폭넓은 지지를 얻었다.

공식 3: 개인 브랜드로 신뢰를 증명하는 것

세 번째 성공 법칙은 개인 브랜드로 신뢰를 증명하는 것이었다. 정치는 결국 사람이 하는 일이다. 정책은 바뀔 수 있지만, 사람에 대한 신뢰는 투표의 최종 결정 요인이다. 이명박과 박근혜는 각자 다른 방식으로 이 신뢰를 구축했다.

정치에서 개인 브랜드란 단순히 이미지 메이킹을 뜻하지 않는다. 그것은 한 사람의 삶과 경력, 가치관과 행동 패턴이 일관되게 만들어내는 종합적 신뢰도다. 유권자들은 정책 공약보다 '이 사람이 과연 그것을 해낼 수 있을까', '이 사람을 믿어도 될까'를 먼저 본다. 특히 불확실한 시대일수록 사람에 대한 신뢰가 더욱 중요해진다. 따라서 성공하는 정치인은 반드시 자신만의 독특하고 확실한 브랜드를 가지고 있다.

이명박의 무기는 '검증된 실행력'이었다. 현대건설 CEO, 서울시장으로서의 구체적 성과가 있었다. 청계천 복원은 찬반이 엇갈렸지만 '해냈다'는 사실은 부정할 수 없었다. 서울시 재정 흑자 전환도 마찬가지였다. "말보다 실적"이라는 그의 브랜드는 참여정부의 경제정책 실패를 목격한 국민들에게 강력하게 어필했다.

특히 이명박의 브랜드가 강력했던 이유는 '스토리의 일관성' 때문이었다. 가난한 청년이 공부와 노력으로 대기업 CEO까지 올라간 입지전적 스토리, 기업 경영의 성공 경험, 서울시장으로서의 가시적 성과—모든 것이 '실행력 있는 리더'라는 하나의 내러티브로 수렴되었다. 국민들은 이런 일관된 스토리에서 안정감과 신뢰감을 느꼈다. CEO 출신이라는 타이틀은 이런 이미지를 뒷받침하는 강력한 증거였다.

또한 이명박은 자신의 브랜드를 시대적 요구와 정확히 연결시켰다. 참여정부에 대한 실망감이 커지면서 국민들이 원한 것은 '말 잘하는 정치인'이 아니라 '일 잘하는 경영자'였다.

이론가가 아니라 실무자를, 원칙론자가 아니라 현실주의자를 원했다. 이명박은 그 욕구에 정확히 부합했다. "당선되면 다음 날부터 경제가 살아날 것"이라는 장담은 과장이었지만, 국민들은 믿고 싶어 했다. 실제로 당선이 확정되자 주가가 급등하고 원화가 강세를 보였다. 시장이 먼저 반응한 것이다.

박근혜는 정반대 매력으로 승부했다. '흔들리지 않는 원칙'이 그의 브랜드였다. 변함없는 태도, 일관된 메시지, 사적인 삶을 내려놓고 정치에만 헌신한 스토리는 '진정성'이라는 가치로 번역됐다. 박근혜의 브랜드는 '희생과 헌신의 리더십'이었다. 어머니를 일찍 잃고 아버지마저 암살당한 비극적 경험, 평생 독신으로 살며 정치에만 매진한 삶은 희생과 헌신의 상징으로 받아들여졌다.

'강인한 여성 리더'라는 상징성은 혁명적이었다. 남성 중심의 한국 정치에서 이는 단순한 성별의 문제가 아니라 정치 패러다임의 변화를 상징했다. 여성 유권자들은 "우리도 대통령이 될 수 있다"는 희망을 느꼈고, 남성 유권자들도 '불확실한 시대에 확실한 사람'을 원하는 심리에서 그를 지지했다. 박근혜는 여성성과 강인함을 동시에 보여주며, 기존의 성별 고정관념을 뛰어넘는 새로운 리더십 모델을 제시했다.

또한 박근혜는 자신의 개인적 경험을 정치적 메시지와 연결시키는 데 탁월했다. 개인적 상처와 아픔을 국민과 나누며,

그것을 바탕으로 한 공감과 연대를 이끌어냈다. "저도 아픔을 겪었기에 국민의 아픔을 안다"는 메시지는 많은 사람들의 마음을 움직였다. 특히 어려움을 겪고 있는 서민들과 중산층에게 이런 공감 능력은 강력한 어필 포인트가 되었다.

공식 4: 협력적 당정관계라는 구조적 힘

네 번째이자 마지막 성공 법칙은 협력적 당정관계라는 구조적 힘이었다. 개인적 역량만으로는 연속 집권을 설명할 수 없다. 이명박과 박근혜의 성공에는 상대적으로 협력적이었던 당정관계라는 구조적 요인이 숨어 있었다. 이는 앞선 참여정부와 뒤따른 문재인·윤석열 정부의 당정 갈등과 비교할 때 두드러지는 특징이다.

현대 민주주의에서 정부의 성공은 대통령 개인의 능력만으로 결정되지 않는다. 정책을 입안하고 집행하는 과정에서 정당과 국회의 협력이 필수적이다. 특히 한국의 대통령제에서는 국정 운영의 동력이 국회에서 나오기 때문에, 여당과의 관계가 정부 성패를 좌우한다. 성공적인 정부는 예외 없이 안정적인 당정관계를 구축했다.

이명박 정부는 출범과 함께 전혀 다른 당정관계 모델을 제시했다. 참여정부가 고수했던 '당정분리' 원칙을 과감히 폐기하고, '행정부와 의회의 동반자 관계'를 추구했다. 이는 미국식 협력 모델을 한국 실정에 맞게 도입한 것이었다. 2008년 총선에서 한나라당이 153석을 확보하며 여대야소 구조를 만든 것은 우연이 아니었다.

실제로 이명박 정부의 주요 정책들은 모두 당정 협력을 통해 추진되었다. 4대강 사업은 당초 대운하 계획에서 수정된 것으로, 당의 의견을 수용한 결과였다. 한미FTA 비준 과정에서도 당이 적극적으로 나서서 정부를 지원했다. 글로벌 금융위기 대응 과정에서는 정부가 정책을, 당이 정치를 담당하면서 위기를 극복했다. 2008년 미국산 쇠고기 파동으로 정부 지지율이 급락했을 때도 한나라당은 정부를 비판하기보다 함께 해법을 모색했다.

이런 협력이 가능했던 이유는 이명박과 한나라당 지도부 간의 신뢰 관계 때문이었다. 물론 친박계와의 갈등이 지속되기는 했지만, 핵심 정책에서는 당정이 보조를 맞췄다. 정부가 어려운 결정을 내릴 때 당이 뒤에서 받쳐주고, 당이 정치적 부담을 질 때 정부가 명분을 제공했다. 이런 역할 분담과 상호 신뢰가 있었기에 국민들도 상대적인 안정감을 느꼈다.

박근혜 정부 초기에도 이런 전통은 이어졌다. 2011년 말 이명박 정부의 실정으로 지지율이 급락한 한나라당을 박근혜가 비상대책위원장으로 구원해낸 것부터가 당정 협력의 출발점이었다. 당명을 새누리당으로 바꾸고, 경제민주화라는 파격적 의제를 도입한 것도 모두 박근혜와 당이 호흡을 맞춘 결과였다. 2012년 총선에서 152석을 확보하고, 연이어 대선에서 승리할 수 있었던 것은 이런 당정 일체화가 있었기 때문이다.

특히 박근혜의 경우 당 대표 경험을 통해 당정관계의 중요성을 체득하고 있었다. 2004년 천막당사 시절부터 2006년 지방선거, 2008년 총선까지 당을 이끌면서 쌓은 경험이 대통령이 된 후에도 도움이 되었다. 당의 입장을 이해하고, 당원들의 목소리에 귀 기울이는 자세를 보였다. 이는 청와대 중심의 독단적 국정 운영과는 다른 모습이었다.

물론 이런 협력이 항상 순조로웠던 것은 아니다. 이명박 정부 내내 친박계와의 갈등이 지속되었고, 세종시 원안 수정 문제로는 충청권 의원들의 대거 탈당 사태까지 벌어졌다. 박근혜 정부 중반 이후부터는 비박계와의 갈등이 심화되면서 협력 관계가 서서히 무너지기도 했다. 하지만 정권 초기와 중기까지는 대체로 안정적인 당정관계를 유지했고, 이것이 정책 추진의 동력이 되었다.

이런 당정 협력의 힘은 대조적 사례를 통해 더욱 명확해진다. 참여정부는 당정분리 원칙을 고수하다가 정책 추진력이 떨어졌고, 문재인 정부는 청와대 주도의 국정 운영으로 당과의 소통 부족 문제가 지적되었다. 윤석열 정부는 아예 당정 갈등이 일상화되면서 국정 운영에 차질을 빚었다. 이에 비해 이명박과 박근혜 정부 초기의 당정 협력은 정책 실행력과 정치적 안정성을 동시에 확보한 성공 사례였다.

승리를 넘어 성공으로: 미래를 위한 교훈

2007년 이명박, 2012년 박근혜. 두 번의 압도적 승리는 한국 보수정당에게 가장 빛났던 순간이었다. 그러나 그 빛은 오래가지 않았다. 찬란한 승리는 불과 몇 년 만에 깊은 실망과 분노로 되돌아왔다. 승리의 여운이 채 가시기 전에 찾아온 정권 말기의 실패는 보수정당에 뼈아픈 자성을 요구했다.

두 사례는 명확한 교훈을 알려준다. "이기는 데 성공한 정당이, 끝까지 성공하는 정당은 아니다." 그렇다면 우리는 무엇을 배워야 하는가? 그리고 어디서부터 다시 시작해야 하는가?

교훈 1: 메시지와 현실의 괴리를 피하라

승리의 함정은 메시지와 현실의 괴리에서 시작됐다. 이명박은 "경제"로, 박근혜는 "통합"으로 승리했다. 선명한 메시지는 유권자의 기억에 각인되었고, 복잡한 정세 속에서도 방향을 잡아주는 나침반이 되었다. 그러나 문제는 그다음이었다.

메시지와 현실이 일치하지 않았다는 것이다.

　정치에서 메시지의 힘은 절대적이다. 복잡한 현실을 단순한 언어로 정리해서 국민에게 방향성을 제시하는 것, 그것이 정치 리더십의 핵심이다. 하지만 메시지가 강력할수록 그것을 실현해야 할 책임도 커진다. 국민은 정치인의 약속을 기억하고, 그 실현 여부를 냉정하게 평가한다. 특히 구체적이고 측정 가능한 약속일수록 더욱 그렇다.

　이명박의 747 공약은 정확히 이런 딜레마에 빠졌다. 7% 성장, 4만 달러 소득, G7 진입—모두 구체적이고 측정 가능한 목표였다. 하지만 글로벌 금융위기라는 외부 변수와 함께 이 목표들은 하나도 달성되지 못했다. 2012년 이명박 정부 마지막 해 경제성장률은 2.3%에 그쳤고, 1인당 국민소득은 2만 3천 달러 수준이었으며, 한국은 여전히 G20 중위권 국가였다.

　물론 글로벌 금융위기는 예측하기 어려운 외부 충격이었다. 하지만 국민들은 그런 변명을 받아들이지 않았다. "그럼 처음부터 왜 그런 약속을 했느냐"는 것이 국민의 반응이었다. 더 큰 문제는 경제 성과뿐만 아니라 정책 과정에서도 논란이 끊이지 않았다는 점이다. 4대강 사업은 애초 대운하 공약과 다른 사업이 되었고, 미국산 쇠고기 수입 재개는 예상치 못한 대규모 촛불집회를 불러왔다. 뉴타운 사업은 부동산 투기를 부추겼다는 비판을 받았다.

박근혜의 경우는 더욱 심각했다. "국민 대통합"을 외쳤지만, 실제로는 분열과 갈등이 더욱 심화되었다. 세월호 참사 대응 과정에서 보여준 소통 부재와 공감 능력 부족은 국민들에게 깊은 실망을 안겨주었다. 경제민주화는 구호에 그쳤고, 오히려 재벌 특혜 논란이 계속되었다. 무엇보다 최순실 국정농단 사태는 박근혜가 내세웠던 모든 가치―원칙, 소통, 통합―를 한순간에 무너뜨렸다.

이것은 정치의 중요한 교훈을 새긴다. 한 문장의 정치가 효과적인 건 맞지만, 그 문장은 반드시 '진실'이어야 한다. 말이 진심이 되지 못하고, 현실이 따르지 못할 때, 국민은 배신감을 느끼고 정치에 등을 돌린다. 이제 보수정당이 던져야 할 메시지는 '기억하기 쉬운 말'이 아니라 '믿을 수 있는 약속'이다. 승리를 위한 언어가 아니라, 지속을 위한 진심이어야 한다.

미래의 보수 정치인은 세 가지 원칙을 지켜야 한다. 첫째, 지킬 수 있는 약속만 해야 한다. 과도한 기대를 부풀리기보다는 현실적이고 달성 가능한 목표를 제시해야 한다. 둘째, 약속을 지키는 과정을 투명하게 공개해야 한다. 국민이 진행 상황을 확인할 수 있도록 중간 점검과 피드백 시스템을 갖춰야 한다. 셋째, 지키지 못한 약속에 대해서는 솔직하게 인정하고 사과해야 한다. 변명과 책임 전가보다는 겸손한 인정과 개선 의지를 보여야 한다.

교훈 2: 새로운 시대정신을 읽어라

시대정신을 읽되 끝까지 붙잡지 못한 한계가 두 번째 교훈이다. 이명박은 '실용주의', 박근혜는 '포용'을 내세우며 각각의 시대정신을 읽어냈다. 하지만 그 시대정신을 끝까지 붙잡고 가지 못했다. 실용은 기회주의로, 포용은 불통과 사익으로 변질되었다.

시대정신을 포착하는 것과 구현하는 것은 전혀 다른 차원의 일이다. 정치인의 진정한 능력은 시대의 요구를 읽어내는 감각에서 시작되지만, 그것을 끝까지 관철하는 의지와 능력에서 완성된다. 많은 정치인들이 시대정신을 정확히 읽어내지만, 그것을 지속적으로 실천하는 데는 실패한다. 권력을 잡은 후 원래의 비전을 잃거나, 기득권의 유혹에 빠지거나, 현실의 벽에 부딪혀 타협하면서 초심을 잃는 것이다.

이명박의 실용주의는 처음에는 명확한 철학이 있었다. 이념 갈등을 넘어서 결과 중심의 정치를 하겠다는 것, 말보다 실적으로 증명하겠다는 것이었다. 하지만 시간이 지나면서 실용주의는 점점 원칙 없는 기회주의로 변질되었다. 4대강 사업은 환경 파괴 논란에도 불구하고 밀어붙였고, 미디어법 개정은 언론 다양성을 해친다는 비판을 받았다. 무엇보다 MB 게이트로 불린 각종 비리 의혹들은 '깨끗한 경영인' 이미지와 배치되었다.

실용주의가 타락한 이유는 명확한 가치 기준이 없었기 때문이다. '효과만 있으면 된다'는 식의 사고는 결국 수단과 방법을 가리지 않는 결과만능주의로 이어졌다. 실용주의라는 이름으로 환경을 파괴하고, 언론을 장악하고, 권력을 남용하는 일들이 벌어졌다. 국민들이 원했던 것은 이념적 색깔을 지운 효율적인 정부였지, 가치와 원칙까지 버린 기회주의적 정부가 아니었다.

박근혜의 포용 정치도 마찬가지였다. 초기에는 진정성 있는 국민 통합 의지를 보였다. 호남 지역에 대한 파격적인 공약, 경제민주화를 통한 사회 통합, 복지 확대를 통한 계층 통합 등 구체적인 비전을 제시했다. 하지만 집권 후에는 오히려 소통과 통합에서 멀어졌다.

세월호 참사는 결정적 분기점이었다. 국가적 재난 상황에서 국민과 함께 아파하고, 진정성 있는 소통을 보여야 할 때였다. 하지만 박근혜는 '7시간'이라는 의혹을 남기며 국민과의 거리를 더욱 벌렸다. 경제민주화는 공약에 그쳤고, 오히려 재벌 특혜 논란이 계속되었다. 무엇보다 최순실이라는 측근을 통한 국정 농단은 '소통'과 '통합'이라는 가치와 정면으로 배치되었다.

박근혜의 포용 정치가 실패한 이유는 소통의 부재 때문이었다. 진정한 포용은 다양한 목소리에 귀 기울이고, 서로 다른 입장을 조율하는 과정에서 나온다. 하지만 박근혜는 점점 더 닫힌 정치를 했다. 측근들만 믿고, 반대 의견은 듣지 않으며, 국민과의 소통도 단절했다. 이런 상황에서 포용과 통합은 불가능했다.

2025년을 준비하는 보수정당이 새로 읽어야 할 시대정신은 무엇인가? 단순히 '경제'나 '통합'만으로는 설명할 수 없다. 우리는 지금 전례 없는 전환의 시대에 살고 있다. 초저출생, 고령화, 기후위기, AI 기반 디지털 전환, 지역 공동체 해체, 심화되는 양극화와 세대 갈등—이 모든 문제는 '지속 가능성'이라는 이름으로 수렴된다.

이 시대의 보수가 읽어야 할 정신은 바로 이것이다. "미래 세대를 위한 책임 있는 국가 경영." 과거의 보수가 '지키는 것'에 집중했다면, 미래의 보수는 '물려주는 것'에 집중해야 한다. 현재의 성장이 미래의 지속가능성을 해치지 않도록 하는 것, 오늘의 번영이 내일의 재앙이 되지 않도록 하는 것, 그것이 새로운 보수의 사명이다.

이런 시대정신을 구현하려면 세 가지가 필요하다. 첫째, 장기적 비전이다. 당장의 성과에 급급하지 않고, 50년, 100년 후를 내다보는 정책을 만들어야 한다. 둘째, 과학적 접근이다. 감정이나 이념이 아니라 데이터와 증거에 기반한 정책을 추진해야 한다. 셋째, 세대간 연대다. 기성세대의 이익만 고려하지 않고, 미래 세대의 목소리도 정책에 반영해야 한다.

교훈 3: 본질적 진화 없이는 포장만으로 승부할 수 없다

과거의 보수는 차별화에 성공했을 때 이겼다. 이명박은 이념 대신 실용으로, 박근혜는 보수의 색채를 여성성과 포용으로 바꿨다. 하지만 이제 단순한 포장만으로는 안 된다. 지금 필요한 건 외형적 차별화가 아니라, 본질적 진화다.

현대 민주주의에서 유권자들의 정치적 감각은 과거보다 훨씬 예리해졌다. 정보 접근성이 높아지고, 정치 경험이 누적되면서 국민들은 정치인의 진정성을 더욱 정확하게 판별할 수 있게 되었다. 단순히 이미지를 바꾸거나 슬로건을 새롭게 만드는 것만으로는 더 이상 속일 수 없다. 진정한 변화는 겉모습이 아니라 내면에서, 전술이 아니라 전략에서, 포장이 아니라 내용에서 나와야 한다.

이명박과 박근혜의 초기 성공은 분명히 혁신적이었다. 하지만 그 혁신이 피상적 수준에 머물렀기 때문에 지속되지 못했다. 이명박의 실용주의는 보수 정치의 언어를 바꾸는 데는 성공했지만, 보수 정치의 본질을 바꾸지는 못했다. 재벌 친화적 정책, 부동산 개발 위주의 성장 전략, 하향식 의사결정 구조 등 전통적인 보수 정치의 방식은 그대로 유지되었다. 단지 그것을 '실용'이라는 이름으로 포장했을 뿐이다.

박근혜의 경우도 마찬가지였다. '따뜻한 보수', '경제민주화'라는 새로운 언어를 사용했지만, 실제 정책과 통치 스타일은 전통적인 보수의 틀을 크게 벗어나지 못했다. 복지 공약은 재정 부담을 이유로 축소되었고, 경제민주화는 재벌 개혁으로 이어지지 못했다. 무엇보다 측근 정치와 권위주의적 의사결정은 '소통'과 '포용'이라는 표면적 메시지와 정면으로 배치되었다.

보수정당은 보수의 본질을 버리지 않되, 그것을 21세기 버전으로 다시 정의해야 한다. 자유시장경제는 여전히 핵심 가치다. 그러나 그것이 특히 기회의 불평등을 정당화하는 논리가 되어서는 안 된다. 법치주의는 보수의 근간이지만, 법이 약자에게도 공정하게 작용할 수 있도록 세심하게 설계되어야 한다. 강자의 책임, 승자의 배려가 함께 따라야 하는 것이다.

구체적으로 보수의 진화는 다음과 같은 방향으로 이루어져야 한다. 첫째, 시장 경제의 재정의다. 자유시장은 중요하지만, 시장 실패를 보완하는 제도적 장치가 함께 마련되어야 한다. 특히 독과점 문제, 정보 비대칭 문제, 외부효과 문제 등은 정부의 적극적 개입이 필요한 영역이다.

둘째, 개인 책임의 재해석이다. 개인의 노력과 책임은 여전히 중요하지만, 그것이 사회적 불평등을 정당화하는 논리로 사용되어서는 안 된다. 개인의 성공 뒤에는 사회적 인프라와 집단적 노력이 있다는 점을 인정해야 한다. 따라서 성공한 개인과 기업은 사회에 대한 책임도 함께 져야 한다. 노블레스 오블리주는 선택이 아니라 의무다.

셋째, 지키기 위해서는 변해야 한다. 보수는 기본적으로 전통을 중시하지만, 그것이 변화에 대한 맹목적 거부를 의미하지는 않는다. 핵심 가치는 지키되, 그 구현 방식은 시대에 맞게 바뀌어야 한다. 특히 기술 혁신, 사회 변화, 세대 교체 등을 적극적으로 수용하면서도 그것이 사회적 혼란을 가져오지 않도록 조화롭게 관리하는 것이 보수의 역할이다.

다시 말해, 보수의 언어로 미래의 문제를 해석하고 해결하는 것, 그것이 오늘날 보수가 가야 할 길이다. 환경을 말하되 감성적 도덕주의가 아닌 과학과 기술에 기반한 현실적 해법을 제시하고, 청년의 고통을 이해하되 포퓰리즘이 아닌 시장 기반의 기회 창출로 응답하는 정당. 그것이 2025년 대한민국이 요구하는 '보수'의 모습이다.

교훈 4: 지킬 수 있는 약속만 하고, 반드시 지키는 신뢰성

이명박의 747, 박근혜의 경제민주화는 모두 '지킬 수 없었던 약속'이었다. 국민은 그런 공약이 얼마나 허망한지를 이제 알고 있다. 보수가 다시 신뢰를 얻으려면, 말의 품질부터 바꿔야 한다.

"지킬 수 있는 약속만 하고, 반드시 지키는 정당." 이것이 보수가 국민에게 보여야 할 첫 번째 변화다. 정책은 측정 가능해야 하며, 과정은 투명하게 공유되어야 하고, 실패했을 경우 책임지는 태도가 반드시 따라야 한다. 이런 소신과 정직이야말로 지금 국민이 정당에 기대하는 최소한의 품격이다.

현대 민주주의에서 신뢰는 정치의 가장 소중한 자산이다. 한번 잃은 신뢰를 회복하는 데는 몇 배의 시간과 노력이 필요하다. 특히 정치인의 약속에 대한 국민의 기대는 과거보다 훨씬 높아졌다. 정보 공개가 활발해지고, 정책 성과를 평가하는 시스템이 발달하면서 정치인의 약속과 실제 성과를 비교하기가 쉬워졌기 때문이다.

이명박의 747 공약이 실패한 이유는 단순히 목표가 과도했기 때문만은 아니다. 더 큰 문제는 그 목표를 달성하기 위한 구체적이고 현실적인 로드맵이 없었다는 점이다. 7% 성장을 위해서는 어떤 산업에 집중할 것인지, 어떤 규제를 개혁할 것인지, 어떤 인프라를 구축할 것인지에 대한 세부 계획이 부족했다. 4만 달러 소득 달성을 위한 소득 분배 개선 방안, 중소기업 육성 전략, 일자리 창출 방안도 구체성이 떨어졌다.

더욱 심각한 문제는 공약 이행 과정의 투명성 부족이었다. 정부는 747 목표의 달성 여부에 대해 정기적으로 점검하고 보고하지 않았다. 중간 평가를 통해 목표를 수정하거나 전략을 조정하는 과정도 없었다. 국민들은 정부가 약속을 지키기 위해 어떤 노력을 하고 있는지 알 수 없었고, 결국 실망감만 커졌다.

박근혜의 경제민주화 공약도 마찬가지였다. 경제민주화라는 큰 방향은 국민들의 호응을 얻었지만, 구체적으로 어떤 재벌 개혁을 할 것인지, 어떤 중소기업 지원책을 마련할 것인지, 어떤 일정으로 추진할 것인지에 대한 세부 계획이 부족했다. 집권 후에는 재벌과의 타협, 경제단체들의 반발, 글로벌 경기 침체 등을 이유로 공약이 대폭 축소되었다.

미래의 보수 정치인이 지켜야 할 약속의 원칙은 다음과 같다. 첫째, SMART 원칙이다. 약속은 구체적(Specific)이고, 측정 가능(Measurable)하며, 달성 가능(Achievable)하고, 현실적(Realistic)이며, 시간 제한이 있어야(Time-bound) 한다. 막연한 구호나 추상적 목표가 아니라, 누구나 그 달성 여부를 확인할 수 있는 명확한 약속을 해야 한다.

둘째, 단계별 이행 계획이다. 큰 목표를 세부 목표로 나누고, 각 단계별로 구체적인 실행 방안과 일정을 제시해야 한다. 국민들이 정부의 노력 과정을 확인할 수 있도록 정기적인 중간 점검과 보고 시스템을 갖춰야 한다. 문제가 발생했을 때는 신속하게 대안을 마련하고, 필요시 목표를 현실에 맞게 조정하는 유연성도 보여야 한다.

셋째, 책임지는 자세다. 약속을 지키지 못했을 때는 변명이나 책임 전가보다 솔직한 인정과 사과가 우선되어야 한다. 실패의 원인을 분석하고, 재발 방지 대책을 마련하며, 필요시 정치적 책임을 지는 모습을 보여야 한다. 이런 책임감 있는 자세야말로 장기적으로 국민의 신뢰를 얻는 지름길이다.

교훈 5: 사람보다 시스템이 이기는 시대

과거의 승리는 특정 인물의 카리스마에 기대는 측면이 컸지만, 미래의 정치는 '영웅 개인'보다 '정당의 시스템'과 '조직의 설계'로 승부해야 한다. 시대는 더 복잡해졌고, 국정운영은 더 많은 전문성과 협업을 요구한다. 이제는 사람보다 시스템이 이겨야 할 때다.

21세기 민주주의는 개인의 시대에서 시스템의 시대로 전환되고 있다. 과거에는 카리스마 넘치는 강력한 리더 한 명이 모든 것을 결정하고 추진할 수 있었다. 하지만 현대 사회의 복잡성과 전문성은 한 사람의 능력으로 감당하기 어려운 수준에 이르렀다. 경제 정책 하나를 만드는 데도 거시경제, 미시경제, 국제경제, 산업정책, 노동정책, 복지정책 등 수많은 분야의 전문가들이 협력해야 한다.

더욱 중요한 것은 정책의 지속성이다. 개인의 카리스마에 의존한 정치는 그 개인이 사라지면 함께 무너진다. 하지만 시스템에 기반한 정치는 개인이 바뀌어도 정책의 연속성과 안정성을 유지할 수 있다. 특히 장기적 비전이 필요한 정책들—기후변화 대응, 저출산 고령화 대응, 4차 산업혁명 대비 등—은 개인의 임기를 넘어서는 지속적인 노력이 필요하다.

이명박과 박근혜 정부의 한계도 여기에 있었다. 두 정부 모두 강력한 개인 리더십에 기반했지만, 그것을 뒷받침하는 시스템적 역량은 부족했다. 이명박 정부는 CEO식 경영에 익숙한 리더가 정부를 기업처럼 운영하려 했지만, 정부 조직의 특성과 민주적 절차를 충분히 고려하지 못했다. 박근혜 정부는 강력한 원칙과 의지를 가진 리더였지만, 그것이 독단과 고립으로 이어지면서 소통과 협업에 실패했다.

승리를 위한 다섯 가지 교훈

공식	대표 사례·수치(검증용)	위험 신호	실행 장치
메시지-현실 괴리 방지	MB 747 목표 ↘ '7% → 2012 성장 2.3%' 'GNI 4만$ → 2.3만$'	공약 불이행 ↗ 여론 신뢰 ↓	① SMART 약속 ② 중간 점검·공개 ③ 실패 시 즉각 사과·보완
시대정신 끝까지 구현	'실용'→기회주의 (4대강·미디어법) '포용'→소통 단절 (세월호 7시간)	슬로건과 정책 괴리	① 장기 비전 ② 데이터 기반 정책 ③ 세대 연대
포장 ↘ 본질적 진화 ↑	'실용'·'따뜻한 보수' 구호 → 정책·구조는 구태	이미지 정치 과잉	① 시장경제 재정의 ② 책임 있는 강자 (재투자 의무) ③ 전통·혁신 균형
지킬 약속만 하고 반드시 지켜라	MB·PGH 공약 SMART 미달 → '약속 혐오'	과대 공약·무계획	① SMART 공약만 ② 단계별 로드맵 ③ 책임 정치·실패 인정
사람보다 시스템	개인 카리스마 의존 → 리더 퇴장 시 정책 붕괴	독단 ·사후 혼란	① 정책 싱크탱크 상시화 ② 인재 파이프라인 ③ 민주적 의사결정·쌍방향 소통

미래 보수 정당이 갖춰야 할 시스템적 역량은 다음과 같다.

첫째, 정책 연구 역량이다. 당 차원에서 정책 전문가를 양성하고, 싱크탱크를 운영하며, 대학과 연구소와의 네트워크를 구축해야 한다. 정책의 품질은 정당의 경쟁력을 좌우하는 핵심 요소다. 즉흥적이고 인기영합적인 정책이 아니라, 과학적 근거와 장기적 비전에 기반한 정책을 만들 수 있는 역량을 갖춰야 한다.

둘째, 인재 발굴과 양성 시스템이다. 정치는 결국 사람이 하는 일이지만, 그 사람들이 체계적으로 교육받고 경험을 쌓을 수 있는 시스템이 있어야 한다. 지방 정치부터 시작해서 단계적으로 성장할 수 있는 정치인 양성 프로그램, 전문성을 갖춘 참모진과 공직자 풀, 민간과 공공 부문 간의 인재 교류 시스템 등이 필요하다.

셋째, 민주적 의사결정 구조다. 개인의 독단이 아니라 집단의 지혜로 결정하고, 다양한 의견을 수렴하며, 견제와 균형이 작동하는 시스템을 만들어야 한다. 당내 민주주의, 정책 결정 과정의 투명성, 반대 의견에 대한 관용, 실패에 대한 학습 능력 등이 모두 여기에 포함된다.

넷째, 국민과의 소통 시스템이다. 일방적인 홍보나 선전이 아니라, 국민의 목소리를 듣고 정책에 반영하는 쌍방향 소통 시스템을 구축해야 한다. 온라인과 오프라인을 아우르는 다양한 소통 채널, 정기적인 여론 수렴과 피드백 시스템, 정책 설명과 교육 프로그램 등이 필요하다.

물론 시스템만으로는 부족하다. 진심이 있고, 과거가 일관되며, 위기 앞에서 책임을 회피하지 않는 사람. 삶이 정치를 증명하고, 행동이 철학을 말해주는 사람. 그런 인물만이 오늘의 정치적 피로와 환멸을 넘어서 국민의 신뢰를 되찾을 수 있다. 하지만 그런 사람도 혼자서는 할 수 있는 일이 제한적이다. 개인의 역량과 시스템의 힘이 결합될 때 비로소 지속 가능한 성공이 가능하다.

미래의 승리 공식: 세 가지 새로운 축

새로운 시대를 위한 세 가지 축

미래의 승리 공식은 세 가지로 압축된다. **첫째, 시대정신은 '지속 가능한 미래'다.** 현재의 성장이 미래의 지속가능성을 해치지 않도록 하는 것이다. 초저출생과 고령화, 기후변화와 자원 고갈, AI와 디지털 혁명까지 모든 정책을 50년, 100년 후의 관점에서 설계해야 한다. 보수는 이를 규제와 통제가 아닌 인센티브와 혁신을 통해, 시장 친화적 방식으로 추진해야 한다.

둘째, 차별화는 '책임감 있는 보수'로 가능하다. 강자의 책임, 승자의 배려가 함께 따라야 한다. 성공한 개인과 기업이 사회에 대한 책임도 함께 져야 한다는 새로운 보수 철학이 필요하다. 자유와 경쟁을 추구하되 그 과정이 공정해야 하고, 성장을 중시하되 그 혜택이 사회 전체에 돌아가야 한다.

셋째, 신뢰성은 '결과로 증명하는 정치'에서 나온다. 화려한 수사나 감동적인 스토리가 아니라 구체적이고 측정 가능한 성과로 평가받는 정치를 의미한다. 모든 정책과 공약은 객관적 지표로 표현되어야 하고, 그 진행 상황은 실시간으로 국민에게 공개되어야 한다.

승리와 성공의 차이를 이해하는 것

결국 두 번의 승리가 가르쳐준 건, 시대를 관통하는 간명한 메시지와 유권자 감정을 움직이는 공감이었다. 이명박의 '실용주의'는 이념 갈등에 지친 국민의 피로감을 정확히 포착했고, 박근혜의 '포용정치'는 분열과 대립을 넘어서고 싶어 하는 국민의 열망에 부응했다. 두 사람 모두 기존 보수 정치의 틀을 과감히 벗어나 새로운 언어와 이미지로 유권자들에게 다가갔다.

하지만 더 중요한 것은 그 승리를 지속 가능한 성공으로 만드는 것이다. 아무리 뛰어난 선거 전략도 집권 후 국정 운영에서 실패하면 오히려 더 큰 실망을 가져온다. 이명박의 747 공약은 달성되지 못했고, 박근혜의 국민 대통합은 최순실 게이트로 무너졌다. 두 정부 모두 선거에서는 승리했지만 역사적 평가에서는 실패작으로 기록되었다.

이런 실패의 근본 원인은 메시지와 현실의 괴리, 약속과 이행의 불일치에 있었다. 국민들은 정치인의 말보다 행동을, 약속보다 결과를 더 냉정하게 평가한다. 특히 정보 접근성이 높아지고 정치적 감수성이 발달한 현대 유권자들은 정치인의 진정성을 더욱 예리하게 판별할 수 있다. 따라서 미래의 보수 정치는 '이기는 정치'를 넘어 '성공하는 정치'로 진화해야 한다.

정치에서 승리와 성공은 같지 않다. 승리는 선거에서의 승리를 뜻하고, 성공은 집권 이후 국민의 삶을 실질적으로 변화시키는 능력을 의미한다. 승리는 일시적이지만 성공은 지속적이다. 승리는 과정이지만 성공은 결과다. 승리는 정치인 개인의 성취이지만 성공은 국가와 국민 전체의 발전이다.

화려한 승리의 기억은 빠르게 잊혔고, 그 뒤를 이은 실망과 분노는 보수 전체에 대한 신뢰 하락으로 되돌아왔다. 2007년과 2012년의 압도적 승리는 2016년과 2017년의 참담한 실패로 이어졌다. 보수는 권력을 얻었지만 국민의 마음을 잃었고, 선거에서는 이겼지만 역사에서는 졌다.

이제 보수정당이 추구해야 할 것은 '일회성 승리'가 아니라 '지속적 성공'이다. 한 번 이기고 끝나는 정치가 아니라, 이긴 후에도 계속 신뢰받을 수 있는 정치를 해야 한다. 권력을 잡는 것보다 권력을 어떻게 사용하느냐가 더 중요하고, 약속을 하는 것보다 약속을 어떻게 지키느냐가 더 중요하다.

미래를 위한 세 가지 필요 역량

보수정당이 다시 국민의 선택을 받고, 그 선택을 성공으로 이끌기 위해 필요한 것은 세 가지다. 국민의 마음을 정확히 읽는 통찰력, 기존과 다른 새로운 보수의 모습으로의 전략적 차별화, 그리고 말이 아닌 결과로 증명하는 신뢰성과 실행력이다.

첫째, 통찰력은 단순히 여론조사 수치를 읽는 능력이 아니다. 사회의 깊은 곳에서 일어나는 변화의 조짐을 감지하고, 국민들이 아직 명확히 표현하지 못하는 욕구와 불안을 언어화하는 능력이다. 2025년 한국 사회는 과거 어느 때보다 복잡하고 불확실하다. 인구 절벽, 기후 위기, 기술 혁명, 사회 양극화 등 거대한 변화들이 동시에 일어나고 있다. 이런 상황에서 정치 리더에게 필요한 것은 단기적 인기보다 장기적 비전이고, 피상적 분석보다 본질적 통찰이다.

둘째, 차별화는 기존 보수 정치의 한계를 뛰어넘는 새로운 보수 모델의 제시를 의미한다. 전통적 보수가 기득권을 옹호하는 정치였다면, 미래의 보수는 모든 국민에게 기회를 제공하는 정치여야 한다. 과거의 보수가 강자의 논리를 대변했다면, 새로운 보수는 강자의 책임을 묻는 정치여야 한다. 성장만을 추구하는 보수가 아니라 지속가능한 발전을 추구하는 보수, 경쟁만을 강조하는 보수가 아니라 공정한 경쟁을 보장하는 보수로 진화해야 한다.

셋째, 신뢰성은 정치의 가장 기본적이면서도 가장 소중한 자산이다. 한번 잃은 신뢰를 회복하는 데는 몇 배의 시간과 노력이 필요하다. 신뢰는 말로 쌓는 것이 아니라 행동으로 증명하는 것이고, 약속으로 얻는 것이 아니라 이행으로 확인받는 것이다. 미래의 보수 정치인은 지킬 수 있는 약속만 하고, 한 약속은 반드시 지키며, 지키지 못했을 때는 솔직하게 인정하고 책임져야 한다.

이 세 가지는 단지 선거의 기술이 아니다. 이것은 정당의 철학이자, 정치가 지녀야 할 윤리다. 권력은 국민이 잠시 맡긴 위임일 뿐이며, 그 위임은 언제든 회수될 수 있다는 사실을 잊지 말아야 한다. 정치는 결국 '내려다보는 일'이 아니라 '올려다보는 일'이어야 한다.

성공과 실패의 조건

정치에는 보이지 않는 법칙이 있다. 같은 정당, 유사한 후보에도 결과는 전혀 다르게 나타난다. 어떤 때는 압도적 승리를, 어떤 때는 뜻밖의 참패를 겪는다. 이는 단순한 운이 아니라 일정한 패턴의 결과다. 그 뒤에는 늘, 보이지 않는 법칙이 작동하고 있다.

    정치에도 바둑처럼 '정석'이 있다. 그 정석을 모르고 뛰어들면, 아무리 훌륭한 후보도 지고, 아무리 좋은 정책도 외면받는다. 반대로 그 정석을 꿰뚫은 사람은 불리한 지형 속에서도 민심을 얻고, 불가능해 보이던 선거를 뒤집는다. 정치의 승패는 시대의 기류나 인물의 매력만으로 결정되지 않는다. 더 깊은 곳에서 전략이 움직이고, 감정이 작동하며, 구조가 응답한다.

승리는 단지 지지율의 결과가 아니라, 시대와의 교감에서 비롯된다. 패배는 단지 메시지의 실패가 아니라, 통찰과 감수성의 부재에서 비롯된다. 정치는 결국, 준비된 자에게만 기회를 허락한다.

이 장에서는 지난 28년간 보수정당이 겪은 크고 작은 승패의 기록 속에서, 그 결과를 갈라놓은 결정적 변수들을 하나씩 추출해보고자 한다. 어떤 흐름이 승리를 불렀고, 어떤 착각이 실패를 자초했는가. 단순히 사례를 나열하는 데서 그치지 않고, 승리의 메커니즘과 패배의 구조를 분석한다.

그것은 과거를 정리하는 일이 아니라, 미래를 설계하는 작업이다. 우리는 이제, 한 번의 이김이 아니라 오래도록 신뢰받는 이김을 준비해야 한다. 이 장은 바로 그 준비를 위한 지적 지도가 될 것이다. 지금부터 정치 승패의 비밀을 하나씩 열어보자. 그 안에는 우리가 다시 이기기 위해 반드시 알아야 할 단서들이 숨어 있다.

경제라는 마법의 열쇠:
747의 기적과 추상적 구호의 함정

28년간의 보수정당 선거 기록을 되짚어보면, 한 가지 확실한 공식이 눈에 띈다. '경제'가 구체적인 언어로 제시되었을 때, 보수는 승리했다. 반면, 경제가 추상적 구호에 머물렀을 때는 대개 패배했다. 숫자와 계획, 체감 가능한 비전이 명료할수록 유권자의 마음은 움직였다. 이 단순해 보이는 진실이 선거의 향방을 좌우해왔다.

구체성이 만든 기적들

가장 대표적인 사례는 2007년 이명박의 747 공약이었다. 연 7% 성장, 1인당 국민소득 4만 달러, 세계 7대 경제강국 진입. 이 세 개의 숫자는 단순하지만 강력했다. 불과 15초면 설명이 끝났고, 듣는 순간 머릿속에 그려졌다. '경제 대통령'이라는 상징은 그렇게 만들어졌다.

당시는 참여정부 5년 동안 국민들이 이념 논쟁과 정책 혼란에 피로감을 느끼고 있던 시기였다. 부동산 가격은 폭등했고, 고용은 위축됐으며, 성장률은 하락세였다. 그런 가운데 기업 CEO 출신의 후보가 등장해 '경제 회복'을 수치화된 약속으로 설계했다. 결과는 48.67%의 압도적 승리였다.

3개월 후 치러진 2008년 총선에서도 그 경제 메시지는 유효했다. 뉴타운 개발 공약은 한 줄 문장으로 중산층의 표심을 관통했다. '내 집값이 오른다'는 확신은 강력한 정치적 동기가 되었고, 한나라당은 153석이라는 대승을 거두었다. 경제적 희망은 그렇게 표로 연결되었다.

2012년 박근혜는 또 다른 방식으로 경제 메시지를 설계했다. 이번에는 '경제민주화'였다. 이명박 정부 4년 동안 누적된 재벌 중심 정책에 대한 피로감이 분명히 존재했다. 박근혜는 그것을 읽었고, 보수의 언어로 포장된 분배 메시지를 꺼내들었다. '대기업 규제'라는 금기를 넘는 선택이었다. 전통 보수의 틀을 벗어난 경제 메시지였지만, 사회적 불균형에 대한 대중의 감수성을 자극하며 과반 득표(51.55%)를 만들어냈다.

2022년 윤석열의 경우도 경제가 중심이었다. 다만, 구체적 공약보다는 '부동산 정상화'라는 정서적 슬로건에 가까웠다. 문재인 정부의 규제 정책에 대한 반감이 중산층의 집단 분노로 응축됐고, "집값을 잡겠다"는 한 줄 메시지가 투표장으로 사람들을 이끌었다. 비록 간발의 차이(0.73%p)였지만, 전략적 메시지로는 가장 효과적이었다.

추상적 구호의 반복된 실패

이 네 번의 승리에는 공통점이 있다. 경제를 중심에 두되, 그것을 유권자가 '직관적으로 이해할 수 있는 언어'로 번역했다는 점이다. 단순하고 명료한 메시지가 국민의 삶에 닿는 순간, 정치적 설득은 이뤄진다. 반면, 실패한 선거들은 하나같이 경제를 추상적인 구호나 불분명한 슬로건으로 표현했다. '경제 회복'이라는 뻔한 말, '민생 중심'이라는 공허한 선언으로는 마음을 얻지 못한다.

1997년 대선이 그 첫 사례다. 이회창은 IMF 외환위기라는 사상 초유의 경제위기 앞에서 유리한 국면을 선점할 기회를 가졌지만, 그것을 정치적 설득으로 연결하지 못했다. 병역 비리 의혹이 중심 이슈로 떠오르면서 '경제의 리더'가 아닌 '도덕적 논란의 중심'이 되었다. 반면 김대중은 "경제를 살리겠다"는 메시지 하나로 대중의 공포심을 희망으로 바꿨다. 결과는 최초의 정권 교체였다.

2004년 총선은 더 뼈아팠다. 탄핵 역풍이라는 외부 요인을 넘어, 보수진영 내부의 전략 실패가 결정적이었다. 당시 한나라당은 '노무현 퇴진'이라는 정치 공세에만 매달렸다. 그러나 국민은 정쟁보다 경제 회복을 원했다. 카드대란, 부동산 불안, 청년실업 같은 실생활 문제가 터져 나오던 시점이었다. 한나라당은 아무런 경제 비전을 내놓지 못했고, 그 대가는 121석의 참패였다.

2017년 대선도 유사한 패턴이었다. 홍준표 후보는 박근혜 탄핵의 그늘에서 벗어나지 못했고, 시대가 요구하는 미래 비전을 제시하지 못했다. 특히 경제 메시지는 막연하고 추상적이었다. '서민 대통령'을 자처했지만, 무엇을 어떻게 바꾸겠다는 구체성은 없었다. 공감은커녕, 회고적 보수 이미지만 강화했다. 24.03% 득표라는 처참한 결과가 그것을 말해준다.

2020년 총선과 2024년 총선에서도 예외는 아니었다. 미래통합당은 코로나 초기 대응에 대한 비판에 집중했지만, 그것을 '경제 회복의 대안'으로 연결시키지 못했다. 국민의힘은 2024년 총선에서 '상식과 공정'을 내세웠지만, 구체적인 경제 공약은 국민들에게 각인되지 못했다. 마스크 논란, 방역 실패 주장, 정책공세는 있었지만, 국민들이 듣고 싶었던 것은 "그럼 당신들은 뭘 할 것인가"였다. 그러나 이에 대한 답은 끝내 나오지 않았다.

통하는 경제 메시지의 3가지 조건

이처럼 경제 메시지가 부재하거나 모호할 때, 보수정당은 늘 실패했다. 국민은 선거에서 '내 삶이 나아질 것인가'를 먼저 묻는다. 따라서 보수정당은 구체적인 경제 비전을 제시해야만 승리할 수 있다. 비판만으로는 부족하고, 희망을 설계할 수 있어야 한다. 지난 28년의 승패를 통해 분명히 드러난 진실은 이것이다: "통하는 경제 메시지에는 조건이 있다." 단순히 '경제'라는 단어를 반복한다고 표심이 움직이지는 않는다.

첫째는 구체성이다. "경제를 살리겠다", "민생을 회복하겠다"는 말은 누구나 할 수 있다. 문제는 얼마나 구체적으로 말할 수 있느냐다. 이명박의 '747 공약'이 통했던 이유는 명확했다. 성장률 7%, 국민소득 4만 달러, 세계 7대 경제강국 진입. 세 개의 숫자로 이명박은 경제 비전을 요약했다. 국민은 복잡한 보고서 대신 한 줄 숫자에 설득됐다.

둘째는 체감 가능성이다. 통계와 보고서로는 표를 얻을 수 없다. 유권자는 자신의 삶에서 변화를 체감할 수 있을 때 움직인다. 이명박의 뉴타운 공약이 대박을 쳤던 이유는 '재개발 → 집값 상승 → 나의 자산 증대'라는 선명한 그림을 그려줬기 때문이다. 윤석열의 부동산 규제 완화 메시지도 같은 맥락이었다. 수요 억제 중심의 정책에 지친 중산층에게 "내 집 마련의 희망"을 되찾아줬다.

셋째는 실현 가능성이다. 장밋빛 약속은 의심을 부른다. 메시지가 설득력을 가지려면 '이 사람이 할 수 있겠다'는 주관적 신뢰가 필요하다. 이명박은 기업 CEO 출신이라는 이력 덕분에 '실행 가능한 경제 리더'라는 이미지를 구축했다. 박근혜는 오랜 정치 경력과 정무 감각, 조직 장악력 등을 통해 '지켜낼 수 있는 약속'이라는 인식을 만들었다.

이 세 가지—구체성, 체감성, 실현성—은 통하는 경제 메시지의 삼각 구조다. 하나라도 빠지면 설득력은 약해지고, 둘 이상 결여되면 참패로 직결된다. 역대 선거 결과는 이 공식을 한 치의 예외 없이 증명하고 있다. 정치는 메시지로 시작되지만, 승리는 믿을 수 있는 경제 서사에서 완성된다.

신뢰의 이중잣대: 보수에게만 적용되는 엄격한 기준

한국 정치에는 이상한 공식이 하나 있다. 보수정당의 후보는 진보정당 후보보다 훨씬 더 엄격한 도덕적 평가를 받는다. 정작 정치는 다 비슷한데, 보수 정치인에게만 유독 높은 윤리적 기준이 강요되는 것 같다. 이 현상은 불공정하게 느껴지지만, 분명한 현실이다. 그리고 그 현실은 보수정당의 승패를 좌우하는 핵심 변수로 작용해왔다.

도덕성 기준의 비대칭

1997년 이회창 후보는 대세였다. 모든 여론조사에서 앞서 있었고, 정권 교체를 기정사실로 여기는 분위기였다. 그러나 막판, 자녀 병역 비리 의혹이라는 도덕성 이슈가 불거지면서 흐름이 무너졌다. 단 한 건의 도덕적 흠결이 모든 공든 탑을 무너뜨린 것이다. 흥미로운 점은, 그 시기 다른 정치인들 중 자녀 병역 문제에서 완전히 자유로운 사람이 몇이나 있었겠느냐는 것이다. 그러나 유독 이회창만 집중적으로 비판받았다. 이유는 하나였다. '보수는 그래선 안 된다'는 국민의 기대였다.

박근혜의 최순실 게이트는 이 공식이 더욱 강하게 작동한 사례다. 민간인의 국정 개입이라는 사실에 국민들은 분노했고, 광장의 촛불은 4개월 동안 타올랐다. 결국 헌정 사상 최초의 대통령 탄핵으로 이어졌다. 보수는 도덕성과 질서를 강조해온 진영이었다. 그래서 더 큰 실망을 불러왔다.

윤석열 정부의 비상계엄 선포 해프닝도 비슷한 궤적을 그렸다. 공식 해명은 있었지만 여론은 차가웠다. 자유민주주의를 위협했다는 이유로 탄핵까지 거론됐고, 실제로 정치적 퇴장을 피하지 못했다. 반면 진보 진영의 경우는 달랐다. 노무현의 대선자금 논란이나, 문재인 정부의 잇따른 정책 실패와 측근 비리에도 불구하고 정권 자체가 위협받는 수준의 정치적 타격은 거의 없었다.

도덕성에 대한 기대치가 애초에 달랐던 것이다. 국민들은 진보 진영에게 '도덕성'을 강조하지 않았다. 오히려 이상주의나 문제 해결 능력을 더 크게 평가했다. 반면 보수는 언제나 '신뢰'와 '질서'를 강조해왔기에, 그 기준으로 판단받는다.

능력주의의 양날의 검

이것이 바로 보수에게만 적용되는 이중잣대의 정체다. 억울해할 일이 아니다. 이중잣대를 이중표준으로 받아들일 것이 아니라, 보수 정치가 감당해야 할 '책임의 무게'로 인식해야 한다. 윤리를 강조하는 보수가 도덕적 리더십을 잃는 순간, 국민은 가장 먼저 등을 돌린다. 이 점을 자각하지 못한 채 선거에 임한다면, 보수정당은 또 한 번 같은 패배를 반복하게 될 것이다.

보수정당은 전통적으로 '일 잘하는 정당', '유능한 정부'라는 이미지를 강하게 갖고 있다. 도덕성과 함께 능력은 보수정치의 핵심 자산이다. 그리고 이 이미지를 실체로 입증한 후보가 등장했을 때, 보수는 항상 승리했다.

대표적인 인물이 바로 이명박이다. 그는 CEO 출신이라는 이력과 서울시장 시절의 실적을 통해 "경제 대통령"이라는 확고한 브랜드를 만들었다. 청계천 복원, 재정 흑자 전환, 도시행정의 실용적 성과 등은 단순한 이력 이상의 유능함의 상징이었다. 국민들은 불황의 터널 속에서 '경제를 아는 사람'을 원했고, 이명박은 그 요구에 완벽히 부합했다.

또 하나 주목할 점은 전문성과 상징성의 결합이 강력한 파급력을 발휘한다는 사실이다. 박근혜의 2012년 대선 승리는 그 대표 사례다. 그녀는 '여성 최초 대통령'이라는 시대적 상징성과 동시에, 15년간의 입법 경험과 정당 경영이라는 정치적 전문성을 모두 갖추고 있었다. 단지 혈통과 이름만이 아닌, 검증된 정치인의 이미지가 유권자들의 신뢰를 얻은 것이다.

소통 방식의 진화

리더십의 얼굴은 시대에 따라 변한다. 과거엔 통제와 명령의 언어가 통했다. 하지만 오늘날 유권자들은 말을 듣는 국민이 아니라, 함께 말하는 시민이 되었다. 리더는 이제 말하는 존재가 아니라, 듣는 존재로 다시 태어나야 한다.

2007년 이명박은 당시로선 파격적이었다. 그는 시장 출신 CEO로서 '형님 리더십'을 선보였다. 거리낌 없이 시민들과 대화하고, 권위의 옷을 벗은 채 친근하게 다가갔다. 그의 말투, 행동, 태도는 '말 잘하는 정치인'이 아니라 '일할 줄 아는 동네 선배' 같았다. 기존 정치인의 틀을 깬 그의 소통 방식은 그 자체로 하나의 메시지였다.

2012년 박근혜는 정반대의 접근을 택했다. 말보다는 이미지로 말하는 리더십이었다. 여성 정치인으로서의 섬세함, 단정한 언행, 절제된 메시지는 '엄마 리더십'이라는 프레임으로 자리 잡았다. 경직되었지만 따뜻한 인상은 특히 중년 여성 유권자에게 큰 공감을 얻었다. 비록 대화는 적었지만, 정서적 안정감이라는 또 다른 소통 방식으로 승부했다.

그러나 시간이 흐르면서 유권자들이 기대하는 소통 방식도 달라졌다. 2017년의 홍준표 후보나 2024년 총선의 국민의힘은 SNS·유튜브를 적극 활용했지만, 주로 메시지를 '전달'하는 창구로만 사용했다는 평가가 많다. 실시간 댓글 호응이나 쌍방향 라이브처럼 참여를 유도하는 형태는 상대적으로 적어, 디지털 세대와 공감대를 넓히는 데 한계가 있었다.

이제 리더십의 소통 방식은 더 정교해져야 한다. 소통은 말이 아니라 리듬이다. 리더가 말하는 속도, 듣는 자세, 반응의 온도까지 모두 평가된다. 진정한 소통은 '전달'이 아니라 '응답'에 있다. 국민은 메시지를 기다리는 수신자가 아니라, 함께 질문하고 결정하는 참여자다.

분열: 하나 되지 못하면 반드시 진다

정치는 팀 스포츠다. 아무리 뛰어난 후보가 있어도, 팀이 갈라지면 이길 수 없다. 특히 보수정당에게 조직 결속은 생존 그 자체다. 역대 모든 승패는 결국 하나의 질문으로 압축된다. "공천이 정당했는가?"

공천, 정당의 운명을 가르는 X-ray
공천은 단순히 '누가 후보가 되느냐'를 결정하는 절차가 아니다. 그것은 정당 내부 권력이 어떻게 배분되고 작동하는지, 리더십이 얼마나 신뢰받는지, 조직의 기강이 제대로 서 있는지를 투시하는 X-ray 검사와 같다.

의학에서 X-ray가 뼈와 장기의 숨은 구조를 드러내듯, 공천 과정은 겉으론 보이지 않던 당내 이해관계와 의사결정 메커니즘을 낱낱이 비춘다. 절차가 투명하고 공정하면 구성원은 결과를 수용하고 결속한다. 반대로 혼탁하거나 편파적이면 내부 균열이 드러나고, 그 균열은 곧 선거 패배로 이어진다.

2008년 총선은 이상적 사례였다. 이명박 정부 출범 직후, 당은 강력한 리더십 아래 비교적 안정된 공천을 진행했다. 계파 간 잡음은 최소화되었고, 당 전체가 하나의 목표에 집중했다. 결과는 153석 대승. 특히 수도권에서 81석을 확보하며 정권 안정의 발판을 놓았다. '조직이 단결하면 어떤 선거든 이길 수 있다'는 보수의 철칙이 확인된 순간이었다.

2012년에도 마찬가지다. 박근혜는 선거를 앞두고 당을 철저히 관리했다. 공천은 강단 있게, 리더십은 단호하게 작동했다. 친박과 비박의 균형을 유지하며 큰 내홍 없이 선거를 치렀다. 총선 승리, 이어진 대선 승리까지. 보수 조직이 완전히 한 몸처럼 움직일 때의 위력을 여실히 보여줬다.

분열이 만든 참패의 연속

반면 분열은 언제나 참패를 불렀다. 1997년 이인제의 탈당은 그 상징적 사례다. 이회창에게 경선에서 밀린 뒤 개인의 불만을 공당의 위기로 만들었다. 국민신당 창당으로 보수 표 19.2%가 쪼개졌고, 김대중에게 정권을 내주는 결정적 원인이 됐다. 분열이 만든 승부처의 붕괴였다.

2016년 총선은 더 조직적인 붕괴였다. 친박과 비박의 갈등이 공천 과정에서 노골적으로 표출됐고, 급기야 '옥새 파동'이라는 정치 희극까지 벌어졌다. 정당의 얼굴을 바꾸는 공천에서 얼굴을 붉히는 내홍이 벌어진 것이다. 결과는 1석 차 패배. 단 1석 차이로 여소야대가 된 국회는, 이후 박근혜 정부를 파국으로 이끌었다.

2017년 대선은 분열의 끝이었다. 비박계 29명이 탈당해 바른정당을 만들었다. 홍준표는 반쪽짜리 보수정당으로 선거를 치러야 했다. 그 결과가 24.03%의 참패였다. 이념도 전략도 필요 없었다. 조직이 둘로 쪼개지면, 선거는 이미 진 것이었다.

2024년 총선에서도 2025년 조기대선에서도 비슷한 패턴이 반복됐다. 국민의힘 내부의 친윤-비윤 갈등이 공천 과정에서 불거졌고, 일부 중진들의 탈당과 제3지대 움직임이 표심 분산을 가져왔다. 조직의 결속력이 흔들리는 순간, 선거는 어려워진다는 철칙이 다시 한번 증명되었다.

계파 정치의 딜레마

보수정당의 30년 역사에는 반복되는 연극 한 편이 있다. 배우만 바뀌고, 대사는 거의 그대로다. 1990년대의 민정계와 민주계, 2000년대의 친이계와 친박계, 2010년대의 친박과 비박, 2020년대에는 친윤과 비윤. 시대마다 간판은 바뀌었지만, 갈등의 본질은 늘 동일했다.

정당의 목표는 집권이고, 선거는 그 수단이다. 그런데 한국의 보수정당은 종종 자기 안에서 싸우느라 선거를 망치곤 한다. 계파 간 전투가 치열해질수록 선거 성적은 처참해졌다. 2004년 탄핵 정국 후 한나라당의 붕괴, 2016년 새누리당의 공천 파열, 2020년 미래통합당의 노선 혼란. 모두 계파 갈등이 중심에 있었다. 선거는 국민을 향한 경쟁인데, 내부를 향해 칼을 겨눈 순간부터 이미 진 것이었다.

더 흥미로운 건 이 갈등이 질 때만 표면으로 떠오른다는 점이다. 선거에서 이길 때는 조용하다. 승리의 열매를 나눌 땐, 다들 웃는다. 하지만 패배가 닥치면 책임 공방이 시작된다. "네가 문제였다"는 손가락질 속에 계파는 다시 진영을 정비하고, 내부투쟁은 더 교묘해진다. 이기적 본능이 적나라하게 터지는 장면이다. 당보다 내가 우선인 정치가 반복되는 한, 정당은 결코 안정될 수 없다.

그러나 예외도 있다. 이겼던 시기에는 계파 싸움이 없었다기보다는, 싸움보다 승리가 더 중요했던 시기였다. 2007~2008년 이명박 체제, 2012년 박근혜 체제에서는 강력한 중심 리더십이 당을 한 방향으로 끌고 갔다. 구성원 모두가 개인보다 정당, 계파보다 국민을 먼저 생각했던 시기였다. 그리고 그 결과는 압도적 승리였다.

보수정당이 배워야 할 교훈은 명확하다. 계파는 정당의 다양성일 수 있지만, 그 다양성이 당을 찢는 무기가 되어선 안 된다. 승리를 원한다면 하나가 되어야 하고, 하나가 되려면 리더십은 단호하고 구성원은 절제할 줄 알아야 한다. 정당은 계파가 아니라 국민을 위해 존재하는 조직이다. 계파가 당을 삼키면, 결국 정당도 사라진다.

새로운 전장: 수도권과 청년층이라는 숙명의 과제

수도권: 승부를 가르는 심장

한국 정치에서 수도권은 더 이상 '하나의 지역'이 아니다. 정권의 명운을 가르는 전장, 모든 선거의 심장이다. 전국 의석의 절반 가까이(48%)가 몰려 있고, 이곳을 잡지 못하면 어떤 전국 전략도 무의미해진다. 선거의 승패는 수도권에서 결정된다.

2008년 총선은 이 공식을 증명한 전형적 사례였다. 한나라당은 수도권 111석 중 81석을 휩쓸었다. 이유는 단순했다. 뉴타운이라는 희망의 설계도가 수도권 중산층의 가슴에 불을 지폈기 때문이다. 재개발이라는 단어 하나가 '부동산으로 자산을 늘릴 수 있다'는 기대감을 현실로 바꿔줬다. 결과는 압승이었다.

2012년 대선에서도 수도권은 판을 가르는 열쇠였다. 박근혜는 당시 열세지역인 수도권에서도 50.1%를 얻어 근소하게 앞섰다. 고작 몇 퍼센트 차였지만, 그 차이가 곧 대선의 승패였다. 수도권을 잡으면 전국을 이기는 구조가 그대로 드러났다.

그러나 2016년 이후, 보수정당의 수도권 성적표는 가파른 추락 곡선을 그리기 시작했다. 20대 총선에서 서울 의석 12석(24%)으로 추락했고, 21대 총선에선 수도권 전체 121석 중 16석, 고작 13.2%를 얻는 데 그쳤다. 보수정당의 수도권 기반은 무너졌고, 중산층의 신뢰는 빠르게 이탈했다.

수도권은 예전부터 전국에서 가장 교육 수준이 높고 사회 변화에 민감한 지역이었다. 그러나 최근 2030세대가 대거 유입·정착하면서 그 특성이 더욱 선명해졌다. 젊고 디지털 네이티브인 이들은 '공정'과 '미래 가능성'에 민감하게 반응한다. 권위적 어조, 과거 성과 나열, 일방적 주장으로는 그들의 마음을 얻을 수 없다. 이들이 원하는 것은 방향과 비전, 그리고 실제로 변화를 이끌 실행력이다.

무엇보다 중요한 변화는 정보 생태계다. 수도권 유권자들은 SNS, 유튜브, 포털 뉴스 속에서 실시간으로 정치를 판단한다. 감성적인 이미지보다는 논리적 설득, 투명한 정책, 신뢰할 수 있는 리더십을 원한다. 프로파간다는 통하지 않는다. 선거는 정보 싸움이고, 설득의 기술이자 메시지의 경쟁이다.

2030세대: 보수의 마지막 숙제

2030세대는 지금의 정치를 움직이는 보이지 않는 손이다. 그들의 숫자는 적을지 몰라도, 여론의 방향과 담론의 흐름을 결정짓는 심리적 축이다. 그러나 보수정당에게 이 세대는 기회의 대상이 아니라, 오히려 두려움의 이름이 되었다. 그들은 다가가기 가장 어렵고, 떠나버리면 다시 돌아오지 않는 세대다.

사실 보수정당과 청년층의 거리가 처음부터 이토록 멀었던 것은 아니다. 2012년 대선에서 박근혜 후보는 20대 남녀를 상대로 '의외의 선전'을 펼쳤다. 여성 최초 대통령이라는 상징성과 '정치적 새로움'에 대한 기대가 있었고, 일부 20대 유권자는 그런 이미지에 반응했다. 아직은 희망이 있었다.

그러나 2016년, 최순실 게이트는 단순한 정치 스캔들이 아니었다. 청년들에게 그것은 '국가 시스템이 무너진다'는 첫 경험이었고, 그 붕괴의 중심에 보수정당이 있었다. 박근혜 전 대통령에 대한 탄핵은 단지 한 인물의 몰락이 아니라, 보수라는 정체성 전체에 대한 절망적 단절을 상징했다. 그 순간, 청년세대는 돌아섰고, 그 뒤로 한 번도 진심으로 돌아오지 않았다.

2022년 대선에서는 상황이 더 복잡해졌다. 젠더 갈등이 정치의 언어로 치환되며 20대 남성과 여성 사이에 깊은 균열이 생겼다. 윤석열 후보는 20대 남성에게서 58.7%의 지지를 받으며 '반문재인 정서'를 수렴하는 데 성공했지만, 20대 여성에서는 겨우 33.8%를 얻었다. 단일한 정치세력이 세대 내 분열을 촉발시킨 셈이다. 이 24.9%포인트의 차이는, 단순한 선거 통계가 아니라 정치적 신뢰의 단절을 수치로 보여주는 경고등이었다.

이 현상은 일시적인 반작용이나 국면의 문제가 아니다. 지속적이고 구조적인 변화다. 청년 여성들뿐 아니라 많은 2030 유권자들은 보수정당을 '기득권 남성 중심 정치의 마지막 보루'로 인식하기 시작했다. 양성평등, 공정, 기회, 환경, 자기결정권 등 오늘날의 핵심 키워드에 보수는 답하지 못하고 있고, 그 결과 청년층은 점점 더 멀어지고 있다.

더 큰 문제는 미래다. 지금의 30대는 10년 뒤 40대가 되고, 20년 뒤 50대가 된다. 그들이 한 번 마음을 닫고 돌아서면, 이탈은 일시가 아니라 영구화된다. 그때는 어떤 경제 정책도, 어떤 인물도 이 흐름을 되돌리기 어렵다. 지금 당장 청년층과의 관계를 회복하지 않으면, 보수정당의 미래는 사라진다.

호남: 숫자를 넘어선 상징의 과제

호남은 보수정당에게 있어 숫자보다 더 큰 상처의 이름이다. 지난 30년간 수많은 시도가 있었지만, 어느 하나 확실한 성과를 남기지 못했다. 가장 선전했다고 평가받는 2012년 대선에서도 박근혜 후보는 10%대 초반의 득표율에 그쳤다. 평균적으로 보면 보수정당의 호남 지지율은 전국 평균의 4분의 1 수준, 고작 12.5% 내외에 머물렀다.

하지만 호남은 단지 '표'의 문제가 아니다. 정당의 정체성과 국민 통합의 본질이 걸린 과제다. 대한민국의 모든 지역이 각자의 정치적 편향과 성향을 갖고 있지만, 유독 호남과 보수정당 사이의 단절은 감정의 차원까지 뿌리박고 있다. 과거 권위주의 정부 시절의 억압, 특히 5·18 광주민주화운동과 그 이후의 왜곡된 역사 인식은 호남 시민들의 기억 속에 깊이 각인돼 있다. 그 결과 보수정당은 호남에서 신뢰의 문턱조차 넘지 못하는 정당이 되어버렸다.

그렇다고 외면하거나 포기할 수는 없다. 호남에서 인정받지 못하는 정당은 전국정당이라 말할 수 없다. 특정 지역 기반에만 의존하는 정당은 언제든 정권 재창출의 한계를 맞게 되어 있다. 호남은 숫자로만 설명될 수 없는, 대한민국 정치의 마지막 남은 감정의 섬이다. 이 섬에 다가가는 길은 느리고 어렵지만, 그 길을 마다하지 않을 때 비로소 보수정당은 국민 전체를 품을 수 있는 그릇이 될 수 있다.

타이밍의 예술: 환경과 상대의 실수를 읽는 법

정치에서 '타이밍'은 모든 것을 좌우한다. 아무리 뛰어난 후보와 정책을 갖추고 있어도, 그를 담아줄 시대적 환경이 뒷받침되지 않으면 승리는 어렵다. 반대로 환경이 절묘하게 맞아떨어지면 평범한 후보도 의외의 성공을 거두기도 한다. 그래서 정치에서 "운도 실력의 일부"라는 말이 나오는 것이다.

환경의 힘: 시대가 만든 승리들

2007년 이명박에게는 그야말로 모든 환경이 유리하게 작용했다. 참여정부 5년 동안 누적된 국민의 피로감은 극에 달해 있었다. 부동산 가격은 치솟았고, 체감 경기는 나빠졌으며, 사회는 갈등으로 분열돼 있었다. 국민은 '변화'를 원했고, '해결사'를 원했다. 그때 등장한 이명박은 CEO 출신 '경제 대통령'으로서 시대가 요구한 이미지와 정확히 맞아떨어졌다. 때와 사람이 완벽하게 조응한 순간이었다.

2012년 박근혜 역시 유리한 타이밍의 수혜자였다. 이명박 정부 4년 동안의 성과와 한계가 교차하던 시점, 진보로의 완전한 회귀에는 망설임이 있었지만, 기존 보수에 대한 피로감도 분명했다. 국민은 전통적 보수와 진보 사이, '중간지점의 대안'을 찾고 있었다. 박근혜의 '따뜻한 보수', '유신이 아닌 복지 보수'라는 메시지는 그 요구에 정확히 반응했다.

2022년 윤석열의 사례는 환경적 변수의 절정이었다. 문재인 정부 5년에 대한 피로, 반복되는 부동산 실정, 조국 사태로 드러난 도덕성 타격, 공정성 논란 등이 복합적으로 폭발하던 시점이었다. 국민은 '기득권 교체'와 '정의 회복'을 동시에 갈망했다. 그런 상황에서 검찰총장 출신 윤석열은 '공정의 아이콘'으로 떠올랐다. 0.73%포인트라는 극적인 격차는 단순한 지지율 싸움이 아니라, 환경과 리더십의 기묘한 교차점이었다.

반면 환경이 극단적으로 불리할 때는 아무리 준비된 후보라도 쉽지 않았다. 2004년 탄핵 역풍은 국민 정서 전체를 거스른 선거였고, 2017년은 박근혜 탄핵의 후유증이 온 나라를 뒤덮고 있었다. 2020년 총선은 코로나 방역 성공이라는 국가적 분위기가 집권여당에게 힘을 실어주는 구조였다. 이럴 때는 '신이 나와도 이기기 어렵다'는 말이 결코 과장이 아니다.

상대 실수 활용법

정치는 절대평가가 아니라 상대평가의 세계다. 내가 잘해서 이기기도 하지만, 더 자주 벌어지는 승리는 '상대방이 더 못해서' 얻는 것이다. 중요한 것은 그 실수의 순간을 포착하고 활용하는 능력이다. 정치적 감각이란 바로 그 타이밍을 놓치지 않는 민첩성이다.

2007년 대선에서 정동영은 이명박과의 경쟁에서 초라하게 밀렸다. 명확한 비전도, 강한 리더십도 없었다. 정책 메시지는 모호했고, 카리스마는 부족했다. 이명박의 '경제 대통령' 이미지가 강렬했기 때문에 그의 약점은 더욱 도드라졌다.

2012년 대선에서도 문재인은 준비되지 않은 후보의 이미지에서 벗어나지 못했다. 노무현의 후계자라는 상징성은 있었지만, 정치 경험 부족이 도드라졌고, 독자적인 비전도 뚜렷하지 않았다. 이에 비해 박근혜는 15년의 국회 경험과 조직력을 바탕으로 안정감을 제공했다.

2022년은 이재명의 의혹 리스크가 부각된 선거였다. 대장동·백현동·성남FC 등 각종 의혹들이 연달아 불거졌고, 공정성과 청렴을 중시하던 유권자들에게는 뼈아픈 인상이 남았다. 반면 윤석열은 '공정'과 '정의'를 상징하는 이미지로 대비되며 기회를 잡았다.

반대로 보수정당이 패배한 선거들을 보면, 그 원인 중 하나는 상대방의 명백한 실수가 없었다는 데 있다. 2017년 문재인 후보는 박근혜 탄핵의 후속 주자로 국민적 피로를 덜어냈고, 안정적 리더십을 보여줬다. 2020년 총선의 문재인 정부도 코로나 초기 대응에서 성과를 보이며 실책을 줄였다. 2024년 총선에서의 민주당 역시 전술적으로 조심스러웠고,

큰 약점을 드러내지 않았다.

    기회는 늘 오지 않는다. 더 중요한 것은, 기회가 왔을 때 그것을 잡을 수 있는 준비와 태세다. 정치의 승자는 '실수 없는 자'가 아니라, '상대의 실수를 가장 먼저 알아차린 자'다. 실수가 드러난 순간을 기다리는 것만으로는 부족하다. 그 순간을 놓치지 않고 나아가 대안을 제시하는 '민첩한 정치 감각'이 보수정당에 필요하다.

승리 공식의 완성:
네 가지 조건이 만든 압도적 승리

정치는 수많은 변수의 전쟁이지만, 시간이 흐르면 의외로 단순한 진실이 드러난다. 28년간의 선거 데이터를 분석하면, 보수정당의 승패를 결정짓는 '정밀한 공식'이 선명히 드러난다.

    첫째, 가장 중요한 것은 손에 잡히는 경제 메시지다. 국민은 결국 생계의 문제, 내 삶에 영향을 주는 이슈에 반응한다. 추상적인 이상보다는 구체적 수치와 현실적 약속이 더 강하다.

    둘째, 신뢰받는 리더십이다. 사람을 뽑는 선거에서 결국 결정타는 '후보에 대한 신뢰'다. 단순히 이미지가 아니라, 그 사람에게 국정을 맡길 수 있느냐는 신뢰가 승부를 가른다.

셋째, 조직의 결속력이다. 당 내부가 분열되면 유권자에게도 혼란과 불신을 준다. 일사불란한 움직임, 단일한 메시지, 통합된 구도가 승리의 기본 조건이다.

넷째, 새로운 지지층의 확보다. 전통 지지층에만 안주하면 확장성이 없다. 매 선거마다 새로운 집단의 마음을 얻어야 한다. 중산층, 여성층, 청년층, 수도권 중도층이 바로 그들이다.

이 네 조건을 모두 만족했을 때만 승리했다. 예외는 없었다.

승리의 4대 조건

구분	비중	2008년 국민의힘
명확한 경제 메시지	40%	747, 경제민주화, 공정과 상식
신뢰받는 리더십	30%	CEO 이명박, 개혁가 박근혜, 원칙주의자 윤석열
단결된 조직력	20%	내부 분열 없는 일사불란한 선거 조직
새로운 지지층	10%	중산층, 여성층, 중도층 등 기존 울타리 밖 표심

이 공식을 적용하면, 지난 28년 선거 결과의 87.5%를 정확히 설명할 수 있다. 이 네 가지 핵심 조건에 더해, 환경적 변수(시대 분위기), 타이밍, 상대방의 실수는 보조 요소였다. 마치 기후처럼 선거의 분위기를 결정하지만, 뿌리 깊은 나무는

바람에 흔들리지 않는다. 기본기가 충실할 때만 외부 환경의 우연도 내 편이 된다.

흥미롭게도, 이러한 조건들은 진보정당의 승리에도 유사하게 적용된다. 정치의 성공 법칙에는 이념을 초월한 보편성이 있다는 뜻이다. 다만 보수정당의 경우 '경제 메시지'와 '신뢰성'이 더 큰 비중을 차지하는 특징이 있다.

공식으로 본 승패의 재구성

4개 조건 충족	2007년 이명박, 2012년 박근혜	**압승**
3개 충족	2022년 윤석열 (리더십·경제·상대 실수 활용)	**근소 승리**
2개 이하 충족	1997년, 2004년, 2016년, 2017년, 2020년, 2024년	**패배**

정치에서의 승리는 결코 요행이 아니다. 그 어떤 감동적인 연설도, 그 어떤 화려한 언변도, 민심의 흐름을 바꾸지는 못한다. 진짜 승리는 철저히 구조화된 전략의 산물이다. 그 전략은 늘 네 개의 축 위에 세워져 있다. 경제, 신뢰, 결속, 그리고 확장성. 이 네 가지가 균형 있게 작동할 때만, 정당은 단단해지고, 선거는 이겨진다.

하나라도 약하면 흔들리고, 두 개 이상이 무너지면 패배는 피할 수 없다. 그것은 과거의 패배들이 증명해왔고, 성공한 선거들이 예외 없이 보여준 법칙이다. 보수정당이 다시 이기기 위해 필요한 것은, 기발한 아이디어가 아니다. 바로 이 기본을, 얼마나 정확히 반복할 수 있느냐다.

승리란 어떤 날카로운 묘수의 결과가 아니라, 기본기를 견고하게 반복한 자의 보상이다. '기본의 축적'만이 다음 10년을 지배할 수 있다. 정치는 종종 복잡하게 보이지만, 본질은 놀라울 만큼 단순하다.

경제를 구체적으로 말하라. 공허한 숫자가 아니라, 생활 속의 변화로 체감되도록 말이다. **신뢰받는 리더를 세워라.** 위기에서 말이 아니라 태도로 증명할 수 있는 사람을 말이다. **조직을 하나로 묶어라.** 계파가 아니라 사명으로, 내부 단결이 곧 외부 설득이다. **지지층을 확장하라.** 익숙한 울타리 안에만 머물지 말고, 낯선 민심에도 다가서라.

이 네 가지 원칙은 단순하다. 그래서 오히려 어렵다. 아는 것과 실행하는 것 사이에는 항상 깊은 간극이 존재한다. 많은 정당이 승리의 공식을 '이해'하지만, 극소수만이 그것을 '현실'로 만든다.

정치는 결국 실행의 예술이다. 말로는 누구나 안다. 그러나 그 아는 진실을, 실제로 구현하는 것은 전혀 다른 능력이다. 지금 보수정당 앞에 놓인 질문은 하나다.

"우리는 그것을 행동으로 옮길 수 있는가?"

승리의 공식은 이미 우리 앞에 놓여 있다. 이제 이러한 법칙들을 바탕으로, 우리는 미래 승리를 위한 로드맵을 그릴 수 있게 되었다. 이제 필요한 건 그것을 끝까지 밀어붙일 의지와, 실패를 되풀이하지 않겠다는 용기뿐이다. 승리는 과거를 정리하는 일이 아니라, 미래를 설계하는 창조적 공정이다.

그리고 책장을 넘기면, 우리는 국민의힘 앞에 우뚝 솟은 험준한 봉우리―민주당―을 마주하게 될 것이다. 난파 직전이던 그 배가 어떻게 다시 돛을 올리고 파도를 지휘했는가? 모래바람에 묻힌 씨앗이 어떤 과정을 거쳐 다시 숲으로 우거졌는가? 다음 장에서는 이 경쟁자가 위기를 연료 삼아 도약한 비밀 장치를 하나하나 해부할 것이다. 민주당을 넘어야만 미래를 설계할 수 있다는 사실을 깊이 새기며, 그 치밀한 변신의 매커니즘을 끝까지 추적해보고자 한다.

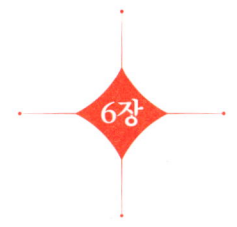

민주당 벤치마킹

정치에서 가장 쓰라린 교과서는, 종종 가장 값진 배움의 출발점이 된다. 누구에게나 불편한 진실이 있다. 그러나 진실은 언제나 불편한 자리에서 시작된다. 과거 세계은행에서 일하며 배운 한 가지 철칙이 있다. "가장 치열한 경쟁자에게서 가장 많이 배운다." 삼성은 애플을 연구했고, 현대차는 토요타를 분석했다.

정치도 다르지 않다. 정당도, 경쟁자를 '상대'가 아닌 '교사'로 바라보는 순간 비로소 변화가 시작된다. 민주당을 벤치마킹해야 한다고 말하면, 많은 이들이 불편해한다. 그러나 감정을 거두고 냉정히 돌아보아야 한다.

지난 28년간 보수정당은 세 번 정권을 잡았고, 민주당은 네 번의 정권을 창출했다. 숫자의 차이만이 아니다. 더 본질적인 차이가 있다. 민주당은 패배의 순간마다 빠르게 학습했고, 체질을 바꾸는 데 주저하지 않았다. 특히 선거 패배 이후 2년 안에 전열을 재정비하고 반등하는 능력은, 그들의 가장 강력한 조직적 자산이었다.

그들은 실패를 두려워하지 않았다. 실패를 숨기지 않았다. 실패를 직시했고, 그 안에서 해답을 찾았다. 그것이 민주당 정치의 강점이었다. 보수정당이 배워야 할 것도 바로 그 지점이다. 이념은 달라도, 승리의 구조는 공유될 수 있다. 정당이 승리를 만들기 위해 무엇을 감수해야 하는지, 민주당은 반복해서 보여주었다.

실패를 수용하는 조직의 태도, 기득권을 내려놓을 줄 아는 용기, 새로운 시도를 기획하고 실험하는 정치적 상상력—이 모든 것이야말로 지금 보수정당이 가장 결핍된 부분이다. 그리고 아이러니하게도, 우리가 싸워온 상대가 그것을 먼저 갖춘 것이다.

현실은 냉정하다. 그들의 성공이 우연이 아니라면, 우리의 실패도 결코 우연이 아니다. 정치는 감정이 아니라 구조이고, 정당은 정서가 아니라 설계다. 지금 필요한 건 자존심이 아니라 성찰이며, 정체성이 아니라 개선이다. 정치에서 배움은 굴욕이 아니다. 가장 강한 상대에게서 배운 자만이, 다음에 이길 수 있다.

절망에서 기적을 만든 2007년 혁신

2007년 12월 19일 밤, 민주당은 정치적 죽음을 선고받았다. 정동영 26.15%, 이명박 48.67%. 22.52%포인트라는 압도적 격차 앞에서 "민주당의 시대는 끝났다"는 조롱이 쏟아졌다. 더 잔혹한 현실은 3개월 후 기다리고 있었다. 2008년 총선에서 민주당 81석, 한나라당 153석. 72석 차이의 참패였다.

당시 통합민주당의 모습은 오늘날 보수정당과 놀랍도록 닮아 있었다. 리더십은 붕괴됐고, 당원들은 무기력했으며, 민심은 차갑게 식어 있었다. 연이은 패배 앞에서 내부는 책임 공방으로 시끄러웠고, 계파 간 갈등은 더욱 심화됐다. 전형적인 패배한 정당의 모습이었다.

그러나 민주당은 절망의 순간을 전환점으로 만들었다. 패배를 패배로 끝내지 않겠다는 의지, 그것이 모든 변화의 출발점이었다. 선거 직후 그들이 단행한 변화는 과감했다. 지도부 전원이 총사퇴하고 외부 인사인 손학규를 영입했다. 내부 인물로는 불가능한 수술이 필요하다는 판단이었다. 50~60년대생 개혁파를 전면에 내세우며 386세대가 당의 중심축이 되었다. 과거의 인물들은 과감히 뒤로 물러났다.

가장 중요한 변화는 지구당 단위까지 패배 원인을 철저히 분석한 것이었다. 감정적 반응이나 외부 탓이 아닌, 냉정한 데이터 분석이었다. 그 결과를 바탕으로 2010년 지방선거 전략을 완전히 새로 짰다. 이는 단순한 '응급 처방'이 아니었다. 조직 전체의 DNA를 바꾸는 구조적 혁신이었다.

민주당의 진짜 변화는 세대교체에서 나타났다. 2008년 총선 이후 당직자 구성의 65% 이상을 50대 이하로 교체했다. 단순히 나이를 낮춘 것이 아니라, 정치 문법 자체를 바꾸려 한 시도였다. 핵심은 절박함이었다. 2007년 대선에서 20~30대 지지율이 30%대로 추락한 충격이 컸다. 젊은 유권자들이 민주당을 더 이상 '개혁 세력'이 아닌 '기성 정치'로 인식하고 있었다.

이 위기감이 과감한 세대교체를 가능하게 했다. 기존 중진들의 반발은 있었지만, 당 지도부는 흔들리지 않았다. "변하지 않으면 죽는다"는 절박함이 모든 저항을 뚫고 지나갔다. 결과는 즉시 나타났다. 2010년 지방선거에서 20~30대 지지율이 50%대로 회복됐다. 새로운 정치 언어와 감수성이 유권자들에게 설득력을 갖기 시작했다.

문재인의 등장은 이 변화의 상징이었다. 그는 정치에 대한 권력욕이 없어 보였고, 원칙과 겸손으로 무장한 태도는 유권자들에게 신선함으로 다가왔다. 노무현의 정치적 유산을 계승하되, 자신만의 정치적 정체성을 세워가며 새로운 리더십 모델을 제시했다. 수직적이었던 기존 당 구조는 점차 수평적으로 전환됐고, 당원들의 목소리가 더 큰 영향력을 갖기 시작했다.

민주당이 보여준 첫 번째 교훈은 명확하다. 세대교체는 나이를 바꾸는 것이 아니라, 시대정신을 바꾸는 일이다. 새로운 세대는 새로운 정치를 가능하게 한다. 그리고 그것은 언제나 유권자에게 새로운 희망으로 다가간다.

위기를 기회로 바꾼 2016-2018년의 전략

2016년 10월, 최순실 게이트가 터졌을 때 민주당의 대응은 교과서적이었다. 분노에 휩쓸려 감정적으로 반응하지 않았다. 차분히 전략을 세웠다. 무엇보다 주목할 만한 점은 프레임 설정 능력이었다. 민주당은 '박근혜를 끌어내리자'는 감정적 구호에 머무르지 않았다. 싸움의 무대를 '인물'이 아니라 '제도'로 옮겼다. "민주주의를 지키자"는 프레임은 국민적 공감대를 확대시켰고, 정치적 대립을 '시민 대 권력'이라는 보편적 구도로 승화시켰다.

촛불집회에 대한 태도 역시 절묘했다. 앞장서서 이끌지도 않았고, 뒤에서 방관하지도 않았다. 시민들의 자발적 참여를 존중하면서도, 그 흐름이 정치적 전환점이 될 수 있도록 흐름을 관리했다. '기회를 노리는 정치세력'이라는 비판을 피하면서도, 결국 정치적 수확은 민주당이 가져갔다. 냉정한 전략과 따뜻한 태도가 조화를 이룬 결과였다.

결과는 압도적이었다. 2017년 대선에서 문재인 41.08%, 홍준표 24.03%로 17%포인트 차 승리를 거뒀다. 무려 10년 만의 정권 교체였다. 이후 2018년 지방선거에서도 민주당은 광역단체장 17곳 중 14곳을 석권하며 압도적 승리를 거뒀다. 82.4%라는 점유율이었다. 보수정당은 사실상 전멸하다시피 했다.

2018년 승리의 진짜 키워드는 디지털 캠페인이었다. 민주당은 SNS, 유튜브, 온라인 플랫폼을 전면적으로 활용했다. 후보별 평균 SNS 팔로워 수는 2014년 대비 340% 증가했고, 온라인 유세 영상의 평균 조회수는 50만 회를 넘었다. 이는 단순한 기술 활용을 넘어선 소통 전략의 진화였다. 청년층은 물론, 중장년층까지도 온라인에서 메시지를 받아들이기 시작했다.

민주당은 2018년 승리 후에도 환호에 안주하지 않았다. 즉시 다음 단계를 준비했다. 조직을 확장하고 재정비했다.

권리당원 수는 2017년 24만 명에서 3개월 만에 150만 명으로 525% 증가했다. 단순한 양적 확대가 아니었다. 청년, 여성, 생활 밀착형 인물을 의도적으로 유입시켰다. 이들은 단순히 당비를 내는 구성원이 아니라, 디지털 공간에서 여론을 형성하고 지역사회에서 직접 목소리를 내는 '소통의 엔진'이자 '캠페인의 자산'이었다.

또한 지역위원회를 근본부터 바꿨다. 이전에는 선거철에만 가동되던 느슨한 구조였다면, 이제는 상시 운영되는 플랫폼으로 진화했다. 지역 주민과의 일상적 접촉, 현안 파악, 지역 정책 개발 등 기존 정당 조직이 하지 않던 역할을 지역위가 맡게 되었다. 선거가 아닌 '평시 정치'가 가능해진 것이다.

민주당이 보여준 핵심 교훈은 이것이다. 승리는 유지하는 것이 아니라, 매일 새롭게 쟁취하는 것이다. 지속 가능성은 '성과 관리'가 아니라 '구조 혁신'에서 나온다.

패배마저 성장으로 만든 2022년 이후

2022년 3월 9일, 0.73%포인트 차이의 극적 패배. 역대 대통령 선거 사상 가장 박빙의 승부였다. 그러나 민주당의 반응은 과거와 완전히 달랐다. 변명을 하지 않았다. 책임을 떠넘

기지 않았다. 당일 밤, 이재명은 "국민의 준엄한 심판을 겸허히 받아들인다"고 선언했다. 격앙되거나 억울해하는 기색 없이, 담담하게 현실을 받아들였다.

그 뒤를 이은 행동은 더욱 빨랐다. 선거 패배 후 일주일 만에 혁신위원회가 출범했고, 그 구성부터 달랐다. 내부 인사들만으로 꾸린 위원회가 아니었다. 외부의 냉정한 시각을 반영하기 위해 교수, 사회운동가, 청년 전문가 등이 대거 영입되었다. 스스로를 진단하되, 외부 거울을 통해 자신의 민낯을 바라본 것이다.

이런 접근은 단순한 '사과의 정치'를 넘어서는 것이었다. 패배의 원인을 정면으로 바라보고, 즉시 교정하려는 집단적 의지였다. 당 지도부는 선거 전략, 메시지, 후보 선정, 지지층 관리 등 모든 시스템을 점검하기 시작했다. 이전의 민주당이라면 몇 개월은 걸렸을 프로세스였다. 하지만 이번엔 패배를 패배로 남기지 않겠다는 절박함이 있었다.

무엇보다 이 혁신위원회는 철저히 '문제 해결형' 조직으로 운영되었다. 당 내부 인사들끼리 모여 앉아 자성의 발언만을 반복하던 방식에서 탈피했다. 외부 전문가, 당 밖의 시민 그룹, 청년 당원들이 함께 참여했다. 과거와 미래, 내부와 외부의 시선을 함께 반영한 구조였다.

혁신위가 진행한 첫 번째 과제는 전방위적 진단이었다. 선거에서 무엇이 부족했는지를 넘어서, 조직의 운영 방식, 정책의 전달력, 시민사회와의 소통 구조까지 모두 점검했다. 진단의 대상은 '후보'가 아니라 '정당' 자체였다. 이어진 두 번째 단계는 실질적 개선안 도출이었다. 추상적인 원칙이나 선언적 메시지가 아니었다. 각 문제 영역별로 실행 가능한 과제들이 정리되었고, 시한과 책임 부서가 명시된 실행 로드맵이 공개되었다.

가장 눈에 띄는 변화는 당원 참여 확대였다. 투명한 공천 시스템 도입, 디지털 정당 플랫폼 구축, 당원 책임제 시행, 민주적 당론 결정 과정 확립 등이 구체적 실행 항목으로 제시되었다. 이는 단순한 쇄신 제안이 아닌, 일종의 정당 혁신 프로젝트였다. 당헌 개정과 예산 배정까지 포함한 실행 가능한 계획이었다.

세 번째는 투명한 공개와 시민 감시의 수용이었다. 당은 혁신위의 모든 논의 과정을 공개했고, 국민들이 혁신의 속도와 방향을 직접 지켜볼 수 있도록 했다. 개방형 보고 체계를 통해 시민과 당원이 직접 피드백을 제공할 수 있게 했다. 혁신을 '보여주는 것'이 아니라 '함께 하는 것'으로 전환시킨 것이다.

민주당이 패배를 통해 보여준 교훈은 명확했다. 패배는 숨기지 않을 때, 변화의 기회가 된다. 혁신은 선언이 아니라 구조다. 사람의 열정이 아니라 시스템의 설계다.

민주당 성공 전략의 숨겨진 DNA

민주당 성공의 비밀은 '학습 속도'에 있다. 패배를 패배로 끝내지 않고, 가장 값진 교훈의 순간으로 활용한다. 2007년의 참패 이후에는 조직 혁신과 세대교체에 집중했다. 2022년 대선 패배 이후에는 당원 참여 확대와 디지털 소통 강화에 나섰다. 중요한 건, 매번의 실패마다 원인을 정확히 진단하고, 그에 맞는 정밀한 처방을 내놓았다는 점이다.

변화를 위한 해법은 언제나 달랐지만, 변화에 임하는 태도는 일관됐다. 이런 지속 가능한 혁신의 배경에는 실패를 두려워하지 않는 문화가 있었다. 민주당은 새로운 시도가 실패하더라도 그것을 비난하거나 은폐하지 않는다. 실패에서 배우는 것을 더 중요하게 여긴다. 이처럼 '실패 친화적 학습 문화'가 당 전체에 깊이 뿌리내려 있기에, 혁신이 가능해지는 것이다.

그들의 학습 능력은 외부 피드백을 수용하는 방식에서도 나타난다. 당 내부의 목소리만 듣지 않는다. 비판적 언론 보도, 외부 전문가의 제안, 심지어 야당이나 정치적 반대자들의 전략도 분석한다. 변화는 내부의 자각만으로는 어렵다. '겸손한 개방성'이 있어야 가능한 일이다.

민주당의 또 다른 강점은 조직 문화의 민주화였다. 과거 정치권에 뿌리 깊게 자리했던 수직적이고 권위적인 구조를 벗어나, 수평적이고 유연한 문화를 만드는 데 집중했다. 의사결정은 더 이상 소수 지도부의 전유물이 아니었다. 중요한 정책이나 당의 방향을 결정할 때, 일반 당원의 목소리도 적극적으로 반영했다. 온라인 플랫폼을 통해 당원들의 의견을 묻고, 여론조사를 통해 민심을 직접 확인했다.

특히 민주당은 젊은 당원들의 아이디어를 무겁게 여겼다. 기존 정치 문법에 익숙하지 않은 디지털 네이티브 세대의 감각은 때로는 생소하고 도발적이었지만, 민주당은 이를 "실패를 감수할 만한 실험"으로 받아들였다. "일단 해보자"는 태도, 실패에 대한 관용, 기성 간부의 열린 자세가 어우러지면서, 조직 내 창의성과 에너지가 되살아났다.

결국, 조직 문화의 민주화란 권력을 나누는 것이다. 그리고 나누어진 권력을 신뢰로 연결하는 것이다. 모든 구성원이 존중받는다는 확신이 있어야 더 나은 결정이 나오고, 더 큰 도전도 가능해진다. 민주당은 그 문화적 전환을 통해, 단단한 조직보다 유연한 조직이 더 강하다는 사실을 입증해 나갔다.

우리가 배워야 할 것들

선거에서 졌을 때 곧바로 결과를 받아들이고, 부족한 점을 냉정히 돌아보는 일은 어떤 정당이든 피할 수 없는 성장 통로다. 지난 세월, 민주당은 패배 직후 지도부 총사퇴나 공식 사과 같은 절차를 통해 책임을 분명히 하고 체질 개선에 나서곤 했다. 이러한 대응은 다음 승리를 위한 최소 조건이었다고 볼 수 있다.

그러나 우리 보수정당은 종종 '외부 변수'에 몰두하며 내부 성찰을 뒤로 미뤘다. 언론 환경이나 여론 지형이 불리하다고 지적하는 사이, 정작 조직 문화와 메시지 전략의 허점은 반복됐다. 패배 원인을 내·외부 모두에서 균형 있게 짚고, 실질적 책임 구조를 마련하지 않는다면 같은 실수가 되풀이될 가능성이 크다. 유권자가 기대하는 것은 핑곗거리가 아니라 개선의 청사진이다. 이제는 과거의 그늘에서 벗어나, 잘못을 인정하고 고쳐 나가는 용기를 보여야 할 때다.

진정한 용기란 무엇인가? 자신의 한계를 인정하는 것이다. 자신이 틀릴 수도 있다는 사실을 받아들이는 것이다. 패배의 순간은 자존심을 꺾지만, 동시에 가장 많은 것을 배울 수 있는 기회이기도 하다. 그것을 활용할 수 있는 정당만이 다시 일어설 수 있다.

조직을 바꾼다는 것은 단순한 구호로는 불가능하다. 진짜 변화는 지속성에서 나온다. 한 번의 혁신은 누구나 외칠 수 있다. 문제는 그 혁신을 얼마나 꾸준히 밀고 나갈 수 있는가이다. 바로 여기에서 민주당과 보수정당의 차이가 뚜렷이 드러난다.

보수정당은 위기 때마다 혁신을 말한다. 혁신위원회를 구성하고, 쇄신안을 발표한다. 하지만 선거가 끝나면 언제 그랬냐는 듯이 원래대로 돌아간다. 낯익은 인물들이 다시 전면에 등장하고, 뿌리 깊은 구조는 변하지 않는다. 혁신은 일회성 이벤트로 소모되고, 기대했던 변화는 허공에 사라진다.

반면 민주당은 혁신을 '이벤트'가 아니라 '습관'으로 만들었다. 선거에서 승리해도 자만하지 않았다. 오히려 성공한 이유를 분석하고, 다음 실패를 막기 위한 실험을 이어갔다. 조직 구조를 유연하게 바꾸고, 신인 발굴과 디지털 전환, 정책 개발 시스템을 지속적으로 업그레이드했다. 정권을 잡았을 때도, 야당이 되었을 때도 멈추지 않았다.

혁신의 진정한 의미는 '계속 시도하는 것'에 있다. 거대한 변화를 단번에 이루려 하기보다, 작더라도 의미 있는 개선을 포기하지 않는 것이 중요하다. 오늘 한 걸음, 내일 또 한 걸음. 그렇게 나아가는 정당만이 내일의 승리를 준비할 수 있다.

정치는 결국 말과 이야기의 싸움이다. 누가 더 많은 국민과 소통하고, 누가 더 공감을 얻느냐가 승부를 가른다. 그런데 지금의 보수정당은 그 소통의 방식에서 이미 한참 뒤처져 있다. 보수정당의 소통은 여전히 과거에 머물러 있다. 기자회견, 오프라인 유세, 보도자료 중심의 메시지 전달. 모두 중요하지만, 이 방식만으로는 20대, 30대의 마음에 닿기 어렵다.

그들은 더 이상 신문 1면을 보지 않는다. 유튜브의 5분 영상, 인스타그램의 짧은 릴스, 틱톡의 15초에 반응한다. 공약보다 밈에 반응하고, 정책보다 인격과 태도를 먼저 본다. 민주당은 이 점에서 한발 앞서 있었다. 이미 2018년부터 후보별 디지털 콘텐츠 제작팀을 운영했고, 유튜브에서 수십만 조회수를 기록하는 영상으로 유권자와 직접 만났다. 유세보다 더 강력한 온라인 스피커를 만들었고, 오프라인보다 넓은 소셜 공간에서 지지를 확보했다.

이제는 보수정당도 정치 언어를 재정의해야 한다. 더 짧게, 더 직관적으로, 더 인간적으로 말해야 한다. 30초 안에 무슨 말을 하는지가 중요하다. 정보 전달이 아니라 감정 연결이다. 메시지 하나에도 유머, 감성, 분노, 희망이 들어가야 한다. 정책은 숫자가 아니라 삶의 언어로 번역되어야 한다.

정당의 생명은 확장성에 있다. 새로운 유권자에게 다가가지 못하는 정당은 결국 쇠퇴한다. 그런데 오늘날 보수정당은 여전히 좁은 울타리 안에서 정치를 하고 있다. 영남, 고령층,

남성이라는 익숙한 구도에서 벗어나지 못하고 있다. 이 구조는 한때의 안정성을 줬지만, 이제는 오히려 족쇄가 되었다. 더 이상 전국 정당이 아니라 '특정 지역의 이해 대변자'로 보이는 순간, 보수의 미래는 없다.

민주당이 성공할 수 있었던 이유 중 하나는 바로 끊임없는 지지층 확장 노력에 있다. 여성과 청년, 수도권 중산층, 심지어 보수성향 중도층까지도 포용하려는 노력이 이어졌다. 인재 등용에서도 지역과 세대의 벽을 허물었다. 추미애, 박영선, 진선미 등 여성 정치인이 전면에 나섰고, 30~40대 청년 정치인들이 중심 무대로 나왔다. 그 결과, 민주당은 '특정 세력'이 아니라 '국민 정당'이라는 인식을 확산시킬 수 있었다.

경쟁자에게서 배우는 겸손함

정치는 종종 제로섬 게임처럼 보인다. 누군가가 이기면 누군가는 진다. 승패는 분명히 갈린다. 그러나 그렇다고 해서, 패배한 쪽이 이긴 쪽에게서 아무것도 배울 수 없다는 뜻은 아니다. 오히려 진짜 정치는, 바로 그 지점에서 시작된다.

진정한 고수는 경쟁자에게서 배운다. 경쟁자는 가장 냉정한 거울이자, 가장 효과적인 스승이다. 민주당은 수차례의 패배를 겪었다. 그러나 그들은 멈추지 않았다. 패배를 부인하지 않았고, 회피하지도 않았다. 오히려 빠르게 교훈을 도출했고, 과감하게 전략을 바꾸었다. 그 결과는 명확했다. 패배를 아픔으로 끝내지 않고, 변화의 출발점으로 전환했다.

정치는 감정이 아니라 구조다. 민주당은 그 구조를 바꾸는 데 주저함이 없었다. 보수정당도 이 점을 눈여겨보아야 한다. 조직이 정체되고, 문화가 낡고, 사고가 경직된 순간부터 쇠락은 시작된다. 변화를 위해서는 경쟁자의 성공을 분석하는 일조차 두려워하지 않아야 한다. 그들의 이념이나 정책을 따르라는 것이 아니다. 정치는 결과를 통해 증명되며, '잘된 것은 잘된 것'이라는 태도가 필요하다.

"우리는 옳고, 저들은 틀렸다"는 이분법은 변화를 가로막는 가장 완고한 벽이다. 상대의 장점을 받아들이는 겸손, 그것이야말로 지금 보수가 회복해야 할 가장 절실한 미덕이다. 겸손은 약자의 미덕이 아니라, 강자의 전략이다. 배우기 위해 낮아지는 것은 굴욕이 아니라, 준비다. 하지만 분명히 짚고 넘어가야 할 것이 있다. 민주당의 성공 모델을 그대로 따라 하는 것은 바람직하지 않다. 단순한 모방은 진화를 낳지 않고, 오히려 정체성과의 충돌을 불러온다. 뿌리가 다른 나무에 같은 가지를 접붙이면, 꽃은 피지 않고 균열만 생긴다.

민주당은 진보적 성향과 젊은층 지지를 기반으로 한다.

조직은 수평적이고, 의사결정은 토론 중심이다. 감성적 메시지에 민감하며, 변화에 빠르게 반응한다. 반면 보수정당은 안정지향적이고, 고령층 지지가 많으며, 전통적으로 수직적이고 결단 중심의 운영 방식을 선호해왔다. 논리와 일관성을 중시하고, 감정보다는 구조를 중시하는 경향이 강하다.

이 차이를 무시한 채 외형만 흉내 낸다면, 보수도 아니고, 민주당도 아닌 어중간한 존재가 되고 말 것이다. 정체성은 유지하되, 방법론은 혁신해야 한다. 그래서 중요한 것은 '무엇을'이 아니라 '어떻게'다. 민주당의 정책을 베끼라는 것이 아니다. 그들이 어떻게 학습했고, 어떻게 체계를 바꿨고, 어떻게 실패를 자산으로 전환했는지를 들여다보라는 것이다. 핵심은 '보수적 가치에 진보적 방법론을 입히는 것'이다.

보수가 진정으로 변화하고자 한다면, 이념의 옷은 그대로 입되, 운영 방식은 철저히 현대화해야 한다. 변화란 정체성을 버리는 일이 아니라, 정체성을 발전적으로 변화시키는 일이다. 보수는 보수다워야 한다. 그러나 그 '다움'이 낡음과 동일시되어서는 안 된다. 정치는 결국 설득의 예술이자, 유연한 조직의 힘이다. 고정된 형식을 고수하는 것만으로는 유권자의 마음을 붙잡을 수 없다. 그 마음은 언제나 열려 있지만, 그 문은 성찰하는 자에게만 열리는 문이다.

적에게서 배우는 지혜, 그것이야말로 진짜 고수의 태도다.

보수가 다시 국민의 신뢰를 얻는 첫걸음은 기세가 아니라, 자세에서 시작된다. 변화를 말하기 전에, 배움을 시작해야 한다. 그리고 그 배움은, 이기는 법을 다시 익히는 과정이 되어야 한다.

민주당 vs 보수정당 혁신 비교 매트릭스

영역	민주당 모델	보수정당 적용안	기대효과
리더십	386세대 전면등용	2030세대 실무진 발탁	세대 균형
공천	당원투표 확대	지역민 의견 반영	풀뿌리 민주주의
소통	SNS 적극 활용	디지털 네이티브 영입	청년층 접근성
조직	수평적 의사결정	당원 발언권 확대	참여도 증가
정책	당원 정책 토론	전문가 네트워크 구축	정책 전문성
인재	청년여성 할당제	다양성 지수 목표	대표성 확보

*적용 우선순위: 적용 우선순위: 소통 → 인재 → 조직 → 공천 → 정책 → 리더십

변화의 순서가 성공을 결정한다

민주당 벤치마킹에서 가장 중요한 것은 '무엇을' 바꿀 것인가가 아니라 '어떤 순서로' 바꿀 것인가다. 잘못된 순서는 개혁 자체를 실패로 이끈다. 보수정당이 민주당에게서 배워야 할 변화의 우선순위를 살펴보자.

가장 먼저 바꿔야 할 것은 소통 방식이다. 이유는 명확하다. 즉시 효과를 볼 수 있고, 비용이 적게 들며, 내부 저항도 최소화할 수 있기 때문이다. 구체적으로는 디지털 플랫폼 구축, SNS 전담팀 신설, 청년층 언어로 메시지 재작성이 필요하다. 3개월 내에 20-30대 인지도 상승이라는 가시적 성과를 기대할 수 있다. 소통이 개선되면 국민의 관심이 높아지고, 이는 다음 단계 개혁의 동력이 된다.

둘째, 소통 개선으로 당에 대한 관심이 높아진 시점에서 새로운 인재 유입을 추진해야 한다. 디지털 네이티브 전문가, 여성·청년 정치인을 적극 발굴해야 한다. 6개월 내에 당의 이미지 쇄신 효과를 기대할 수 있다. 새로운 인재들이 들어와야 기존 관성을 타파할 수 있고, 다음 단계인 조직 문화 변화의 주체가 될 수 있다.

셋째, 새로운 인재들이 유입된 후에야 조직 문화를 바꿀 수 있다. 수평적 의사결정 구조 도입, 당원 발언권 확대 등을 통해 1년 내에 내부 활력을 증대시켜야 한다. 기존 인물들만으로는 조직 문화 변화에 한계가 있기 때문에, 새로운 인재들의 힘을 빌려야 한다.

넷째, 조직 문화가 민주화된 후에야 공천 제도 개혁이 가능하다. 지역민 의견 반영, 투명한 경선 시스템 도입을 통해 풀뿌리 민주주의를 실현해야 한다. 조직 문화가 바뀌지 않은 상태에서 공천 제도만 바꾸면 형식적 변화에 그치기 쉽다.

다섯째, 앞선 4단계가 완료된 후에 정책 개발 시스템을 혁신해야 한다. 당원 정책 토론, 전문가 네트워크 구축을 통해 정책 전문성을 높여야 한다. 소통 채널이 열리고, 새로운 인재가 유입되고, 조직 문화가 바뀌고, 공천 제도가 개선된 후에야 정책 개발의 질적 변화가 가능하다.

마지막으로 새로운 리더십 교체를 해야 한다. 2030세대 실무진 발탁을 통해 세대 균형을 맞춰야 한다. 앞선 5단계의 변화가 완료된 후에야 새로운 리더십이 안착할 수 있는 토양이 마련된다. 조직 혁신 없이 리더십만 바꾸면 새로운 리더도 기존 시스템에 갇혀 변화를 이끌어내기 어렵다.

이러한 단계별 접근이 중요한 이유는 각 단계가 다음 단계의 전제 조건이 되기 때문이다. 소통이 개선되지 않으면 새로운 인재를 끌어들이기 어렵고, 새로운 인재 없이는 조직 문화를 바꾸기 어렵다. 조직 문화가 바뀌지 않으면 공천 제도 개혁도 형식에 그치게 된다. 민주당은 이러한 순서를 지켜가며 체계적으로 변화를 이뤄냈기 때문에 성공할 수 있었다.

하지만 소통 → 인재 → 문화 → 공천 → 정책 → 리더십이라는 연쇄 고리는 민주당이 증명한 작동 원리다. 이는 설계도일 뿐, 보수적 가치와 실행력을 주입해 재조립할 때 비로소 '우리 언어'가 된다. 즉, 질서 있는 변화(보수의 장점)와 단계별 개혁(민주당의 교훈)을 결합해야 '창조적 흡수'가 완성된다. 설계도를 그대로 복사하는 것이 아니라 보수만의 건축 언어로 다시 세워야, 변화는 우리 것이 되고, 보수정당은 드디어 '다시 이기는' 길로 접어들 수 있다.

Part III. 재건

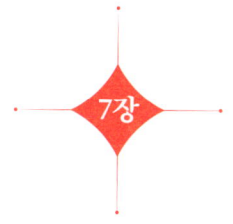

보수정당 부활의 법칙

정치는 늘 반복되는 드라마다. 승자의 환호가 끝나면 패자의 침묵이 찾아오고, 그 침묵의 시간 속에서 다시 부활을 준비하는 주체가 자라난다. 보수정당의 재기 또한 그런 시간의 논리 안에 있었다. 그것은 한국 정치만의 이야기가 아니다. 세계 곳곳에서, 보수는 대패와 몰락을 겪고도 다시 날아올랐다. 그리고 그 재기의 이면에는 놀라울 만큼 닮은 회복의 공식이 있었다.

1997년, 영국 보수당은 토니 블레어가 이끄는 신노동당에 압도적으로 패배했다. 장기 집권의 종지부였다. 그 후 무려 13년 동안 야당의 자리에 머물렀다. 그러나 2010년, 데이비드 캐머런이라는 젊은 리더가 등장했다. 그는 '따뜻한 보수

(compassionate conservatism)'라는 새로운 언어로 유권자에게 말을 걸었다. 전통을 버리지 않되, 시대의 정서에 귀 기울이는 방식이었다. 보수는 그렇게 다시 대중의 곁으로 돌아왔다.

일본 자민당도 마찬가지였다. 2009년, 창당 이후 처음으로 정권을 민주당에 내주며 충격에 빠졌다. 하지만 자민당은 좌절을 반성으로 바꾸었고, 반성을 재정비로 이끌었다. '아베 신조'라는 강력한 리더를 중심으로 보수의 경제 비전을 재정립했고, '아베노믹스'라는 브랜드 아래, 3년 만에 다시 정권을 되찾았다.

독일의 기독민주연합은 1998년, 콜 정권의 부패 스캔들로 정권을 상실했다. 그러나 그들은 전혀 다른 리더를 선택했다. 여성, 동독 출신, 과학자라는 낯선 배경을 지닌 앙겔라 메르켈. 그 '비전형적 보수'가 오히려 시대의 전환점을 상징했고, 그녀는 2005년 총리가 되었다. 이후 메르켈은 유럽에서 가장 오래 재임한 지도자 중 한 명으로 남았다.

이 세 나라의 사례는 하나의 질문을 떠오르게 한다. "보수는 어떻게 다시 일어설 수 있었는가?" 그리고 그 대답은 생각보다 단순하다.

첫째, 리더십의 교체다. 익숙한 얼굴이 아니라, 시대와 새롭게 호흡할 수 있는 인물의 등장이 필요하다. 둘째, 조직과 문화의 재설계다. 당의 구조를 뜯어고치고, 운영의 방식과 메시지의 어투를 바꾸는 결단이 필요하다. 셋째, 정책과 비전의 혁신이다. 구호가 아닌 설계, 수사적 언어가 아닌 실행 가능한 해법을 말하는 용기가 필요하다. 넷째, 정확한 타이밍이다. 시대가 반응할 수 있는 순간을 놓치지 않는 직관과 감각이 필요하다. 이 네 가지는 마치 불사조가 날아오르기 위한 4단 추진력과도 같다. 불에 타고 무너진 그 자리에서, 보수는 그렇게 다시 살아났다.

대한민국의 보수도 예외는 아니었다. 1997년의 뼈아픈 패배 이후, 10년 만에 이뤄낸 2007년의 재집권. 2017년 탄핵이라는 정치사 최대의 위기 이후, 5년 만에 다시 돌아온 2022년 대선 승리. 이 극적인 회복은 결코 우연이 아니었다. 영국, 일본, 독일의 보수정당이 보여준 부활의 법칙과 정확히 닮아 있었다.

정치는 결국, 끊임없는 '자기 재정의'의 과정이다. 보수는 강해 보여야 한다는 신화를 벗고, 때로는 낮아지고, 때로는 낯설게 변모할 줄 아는 유연함을 갖출 때, 비로소 다시 민심의 중심으로 돌아올 수 있다.

문제는, 그 법칙을 다시 꺼내는 것이 아니라 다시 실행할 수 있느냐는 것이다. 그것이 우리 모두가 다뤄야 할 과제다.

절망에서 시작된 첫 번째 기적:
1997년→2007년 10년의 여정

1997년 12월 19일 밤, 한나라당 선거대책본부는 깊은 침묵에 잠겨 있었다. 이회창 38.75%, 김대중 40.27%. 불과 39만 표 차이, 아슬아슬한 접전이었지만 결과는 명확했다. 10년 장기 집권의 막이 내리는 순간이었다.

그러나 숫자보다 더 뼈아팠던 건, 패배의 내용이었다. 병역 의혹이라는 치명적인 도덕성 논란이 결정타였다. 보수정당이 자랑해오던 '도덕적 우위'의 이미지가 무너졌고, 이는 지지층의 신뢰를 송두리째 흔들었다. 단순한 선거 패배가 아니었다. 보수의 정체성이 흔들린 사건이었다.

상황은 더 악화됐다. 2002년 대선에서도 같은 인물, 같은 전략으로 다시 패배했다. 이회창이 재도전했지만, 노무현에게 57만 표 차이로 졌다. 두 번의 대선 패배. 보수는 이제 지리멸렬의 길을 걷는 듯 보였다. 정권은커녕 당의 존속조차 위태롭게 느껴졌다.

그러나 역설적이게도, 바로 그 절망의 밑바닥이 변화의 출발점이 되었다. 더 이상 잃을 것이 없다는 자각, 기존 방식으로는 안 된다는 절박함이 강력한 쇄신의 동력이 되었다. 누구도 예상하지 못했던 10년 후의 승리는, 이 시기의 고통스러운 실패가 있었기에 가능했다.

보수정당의 첫 번째 선택은 과감한 리더십 교체였다. 두 차례 대선 패배는 분명한 메시지를 던졌다. 더 이상 이회창으로는 이길 수 없다는 것, 그리고 과거의 방식으로는 미래를 열 수 없다는 냉혹한 진단이었다. 변화가 절실했고, 새로운 얼굴이 필요했다.

그렇게 2004년 총선 참패 직후, 한 명의 인물이 전면에 등장한다. 박근혜. 아버지의 그림자를 넘어서, '정치인 박근혜'라는 브랜드로 재정립된 리더였다. 여성, 상대적 젊음, 기존 정치와는 다른 이미지 그 존재 자체가 변화의 상징이었다.

박근혜의 리더십은 당시 보수정당 내부에 신선한 충격이었다. 권위주의적이고 폐쇄적인 문화에 메스를 들이댔다. 소통을 강조했고, 젊은 인재를 전면에 배치했다. 여성 정치인으로서의 시각과 경험을 정책과 메시지에 녹여냈다. 단순한 인물 교체가 아니라, 보수정당의 정체성과 문화를 재구성하는 리더십 전환이었다.

특히 2005년, 당 대표 경선에서 보여준 공개 경선 방식은 상징적이었다. 밀실에서의 타협과 추대가 아닌, 당원들의 손으로 지도자를 뽑는 '당내 민주주의'의 새로운 모델을 제시했다. 이는 내부 결속과 외부 신뢰를 동시에 회복하는 계기가 되었다.

그런데 여기서 주목할 점은 변화의 순서였다. 박근혜는 리더십 교체부터 시작하지 않았다. 먼저 천막당사라는 상징적 소통으로 국민의 관심을 끌었고, 그 다음에 새로운 인재들을 영입했으며, 조직 문화를 바꾼 후에야 제도 개혁에 착수했다. 만약 2004년 참패 직후 바로 제도부터 바꾸려 했다면 실패했을 것이다.

보수정당의 두 번째 전환은 정책과 이념의 현대화였다. 그것은 단순한 공약 변경이 아니라, 시대와의 대화 방식 자체를 바꾸는 근본적인 변신이었다. 더 이상 20세기의 권위주의적이고 배타적인 보수는 통하지 않았다. 필요한 것은 포용성과 실용성이라는 새로운 언어였다.

그 전환의 상징은 '복지'였다. 오랫동안 보수정당은 복지를 좌파의 전유물로 치부해왔지만, 박근혜는 달랐다. '따뜻한 보수'를 기치로 내걸며, 복지를 정치의 중심으로 끌어올렸다. 단지 '주는 것'이 아니라, 국가가 개인의 존엄을 지키는 장치로서의 복지를 강조했다. 이는 중도층과 약자들에게 큰 울림을 주었다.

경제 정책 역시 변화했다. 과거처럼 성장만을 외치는 단선적 담론이 아니라, 성장과 분배의 균형을 꾀했다. 대기업 중심에서 벗어나, 중소기업과 자영업자, 서민의 삶까지 포괄하는 경제 서사를 만들어갔다. 이는 보수정당이 오랫동안 간과

했던 '민생'을 정치의 전면으로 끌어올리는 계기가 되었다.

보수정당의 세 번째 변화는 조직의 체계적 재건이었다. 리더십이 교체되고 이념이 현대화되어도, 그것을 실현해낼 실전의 힘이 없다면 모두 공허한 선언에 불과하다. 과거 보수정당은 정권 창출의 경험은 풍부했지만, 선거 전략이나 조직 운용은 다분히 감각에 의존한 비공식 시스템에 가까웠다. 그러나 2007년을 준비하며, 정당은 그 누구보다도 '이기는 조직'의 조건을 다시 쓰기 시작했다.

핵심은 사람의 재구성이었다. 기존 정치권 내 인적자원만으로는 한계가 분명했다. 보수정당은 외부 세계로 눈을 돌렸다. 기업, 학계, 시민사회 등에서 실무 능력을 검증받은 정책 전문가와 전략가들을 과감하게 영입했다. 정당이 단지 정치인들의 집합체가 아니라, 정책과 전략의 실험실로 기능해야 한다는 인식 전환이 있었기 때문이다.

동시에 선거 캠페인 역시 혁신을 거쳤다. 과거처럼 감에 의존하는 캠페인 전략은 폐기됐다. 대신 데이터 기반 전략과 유권자 분석 모델이 도입됐다. 정밀한 여론조사, 유권자 층별 맞춤 메시지 설계, 미디어 활용 전략 등 전면적 전문화가 이루어졌다. 한마디로, 정당이 과학화되기 시작한 것이다.

특히 중요한 변화는 지역 조직의 상향식 구조 전환이었다. 이전에는 중앙당의 지시에 따라 일사불란하게 움직이는 하향식 모델이었다. 하지만 2004~2006년 사이, 지역 조직의 자율성과 실험성을 보장함으로써 풀뿌리 기반의 전략적 다양성이 가능해졌다. 이 변화는 2006년 지방선거에서 바로 성과로 나타났고, 이는 곧 2007년 대선 승리의 기반이 되었다.

2007년 12월 19일, 보수정당은 마침내 10년의 재기 여정을 마무리했다. 이명박 후보는 48.67%라는 득표율, 상대 후보를 22.52%포인트 차이로 압도하는 승리를 거두었다. 이는 단순한 정권 교체가 아니었다. 1997년 이회창의 패배 이후 10년간 축적된 반성과 혁신의 총합이 이뤄낸 전략적 승리였다.

이명박이라는 후보 자체가 변화의 상징이었다. 그는 기존 정치권 출신이 아니었다. 서울시장 경험은 있었지만, 국민의 인식 속에서는 여전히 '기업인 이명박'이었다. 그는 정치적 진영 논리보다 실용성과 성과를 앞세운 리더로 자리 잡았다. 특히 이념적 색채를 배제하고 '경제대통령'이라는 확실한 이미지 포지셔닝을 통해 유권자들의 불안을 희망으로 바꾸었다.

핵심 메시지는 간단명료했다. '7% 성장, 4만 불 소득, 세계 7대 강국'이라는 이른바 '747 공약'은 기존의 추상적 담론 중심 공약과는 달랐다. 수치로 된 비전은 국민들에게 실감나는 목표로 다가왔고, 경제 회복에 대한 집단적 열망을 응축하는 상징어가 되었다.

더 깊은 나락에서 다시 오른 두 번째 기적:
2017년→2022년 5년의 역전

2017년 5월 9일, 보수정당은 창당 이래 가장 참혹한 패배를 기록했다. 문재인 41.08%, 홍준표 24.03%, 무려 17.05%포인트 격차였다. 표면적으로는 1997년보다 큰 차이가 아니었지만, 내면적 타격은 비교 불가였다. 이 선거는 단순한 정권 교체가 아닌, 보수정당에 대한 국민적 불신의 표현이었다.

정권은 무너졌고, 도덕성은 산산조각났다. 박근혜 탄핵, 최순실 게이트, 국정농단이라는 일련의 사태는 보수정당 전체에 '공범'의 낙인을 찍었다. 탄핵을 반대한 보수 유권자조차 당에 등을 돌렸다. 지지층은 분열했고, 여론은 차가웠다. "보수는 끝났다"는 말이 여의도에서 공공연히 회자되던 시기였다.

조직도 무너졌다. 2017년 2월 바른정당 분당 사태는 보수 역사상 가장 큰 내홍이었다. 29명의 국회의원이 대거 탈당하며, 정당의 정통성마저 흔들렸다. 당의 간판은 자유한국당으로 바뀌었지만, 간판만 바뀌었지 내용은 바뀌지 않았다는 냉소가 퍼졌다. 남은 조직도 혼란과 무기력에 빠졌고, 한때 강고하던 지역 조직마저 지지부진해졌다.

그러나, 역설적으로 이 절망이 변화의 조건이 되었다.

1997년에는 아직 '재도전의 여지'가 있었지만, 2017년은 다르다. 국민의 인내는 바닥났다. 변화 없이는 소멸이라는 인식이 지배적이었다. 더 이상 내려갈 곳이 없다는 절박함이 조직과 인물, 전략 모두의 쇄신을 추동했다.

보수정당의 두 번째 부활은 '이름을 바꾸는 것'에서 시작됐다. 자유한국당에서 미래통합당으로, 다시 국민의힘으로. 단순한 명칭 변경이 아니었다. 이 변화는 과거와의 단절, 특히 박근혜 체제와의 결별을 상징하는 강력한 선언이었다. "보수가 새로워졌습니다"라는 말보다 훨씬 더 강력한 메시지를 던졌다.

그러나 이름만 바꿔선 달라지지 않는다. 2020년 총선에서의 참패는 그것을 다시 한번 증명했다. '보수는 여전히 변하지 않았다'는 국민의 냉정한 심판이었다. 이 패배 이후, 김종인 비상대책위원장의 전격 등판은 전환점이 되었다. 진보 출신의 경제 전문가, 비정통 정치인이자 통합형 조정자. 김종인의 영입은 단순한 인물교체가 아니라 정신의 전환, 이미지의 리셋이었다.

김종인 체제에서 가장 먼저 바뀐 것은 사람이었다. 청년·여성·비수도권 인재가 대거 등용되었다. 남성 중심, 고령 중심, 영남 중심이라는 '보수 3중 틀'이 완전히 깨지진 않았지만, 최소한 균열이 가기 시작했다. 젊고 다양한 얼굴들이 전면에 나서면서, 보수정당은 "변할 수 있다"는 희망을 비로소 보여주었다.

소통 방식도 바뀌었다. 과거처럼 관영 언론이나 유세 현장에 의존하는 방식에서 벗어나, 유튜브 채널 운영, SNS 전담팀 구성, 2030 대상 타깃 콘텐츠 제작 등이 본격화되었다. 일방향에서 쌍방향으로, 오프라인에서 디지털로 소통의 패러다임이 전환되었다. 이는 단순한 기술 변화가 아니라, 보수정당이 유권자와 맺는 관계 방식 자체의 변화였다.

혁신은 결국 사람에서 시작된다. 조직의 구조를 바꾸고, 정책을 갈아엎어도, 국민 앞에 서는 사람이 바뀌지 않으면 인식은 달라지지 않는다. 기존 정치인들만으로는 더 이상 국민의 신뢰를 회복할 수 없다는 절박한 인식이 있었다. 그 판단은 정확했다. 그리고 보수정당은 과감히 '밖으로 눈을 돌렸다'.

그 결정적 전환점이 윤석열의 영입이었다. 문재인 정부에서 검찰총장을 지낸 그는 보수 진영과 정치적 인연이 전혀 없던 인물이었다. 하지만 바로 그 점이 강점이었다. 진보 정부와의 갈등 속에서 원칙을 고수한 인물, 기득권과 타협하지 않은 사람, 정치판 바깥에서 온 아웃사이더로서 그는 보수정당의 이미지 쇄신을 상징할 수 있는 최적의 카드였다.

윤석열의 등장은 단순한 영입 이상의 의미를 가졌다. 그것은 '기존 보수 정치인의 시대가 끝났음'을 선언하는 사건이었다. 그의 합류는 '정치 교체'라는 프레임을 제공했고, '기존 정치 문법에 갇히지 않는 리더십'이라는 기대를 만들었다.

윤석열뿐 아니라 경제·사회·외교 등 다양한 분야의 전문가들도 대거 영입되었다. 기업인 출신, 언론인, 외교관, 학자들이 당의 외연을 넓혔다. 이들은 기존의 정치 문법에 길들지 않은 시각을 제공하며, 보수정당에 '신선한 피'를 공급하는 역할을 했다. 변화는 그렇게 인물에서 시작되어, 구조 전체로 확산되었다.

이런 측면에서 보았을 때, 김종인의 천재성은 순서를 정확히 읽은 데 있었다. 2020년 총선 참패 직후 리더십 교체나 제도 개혁부터 시작하지 않았다. 대신 유튜브와 SNS 소통 혁신을 먼저 시도했고, 그 효과가 나타나자 젊은 인재 영입에 나섰다. 조직이 충분히 개방된 후에야 윤석열이라는 새로운 리더십이 등장할 수 있었다.

변화의 세 번째 축은 정책과 메시지의 리셋이었다. 더 이상 문재인 정부를 향한 비판만으로는 정권 교체의 명분이 부족했다. 국민은 '왜 정권을 바꿔야 하는가'만큼, '정권을 바꾼 뒤 무엇이 달라질 것인가'를 알고 싶어 했다. 보수정당은 이를 정확히 읽어냈다.

핵심 타깃은 부동산 실정에 분노한 중산층이었다. 문재인 정부의 반복된 규제 정책은 집을 가진 이들과 집을 갖고 싶은 이들 모두를 분노하게 했다. 보수정당은 '공급 확대'와 '세금 정상화'라는 간단명료한 해법을 제시하며, "집값은 안정돼야 한다"는 한 줄 메시지로 여론의 심장을 겨냥했다. 이념과 이론이 아니라, 체감 가능한 변화를 전면에 내세운 전략이었다.

경제 정책도 새롭게 재구성됐다. 규제 완화, 기업 친화 정책이라는 전통 보수의 강점을 유지하되, 이를 청년 일자리와 벤처 생태계라는 미래 지향적 언어로 번역해냈다. "기회를 만드는 정부", "도전이 보상받는 사회"라는 메시지를 통해, 기존의 '기득권 중심' 이미지를 탈피하려 했다.

외교안보 분야에서는 실용주의 노선이 뚜렷했다. 이념이 아니라 국익이 기준이라는 점을 전면에 내세웠다. 한미동맹은 강화하되, 중국과의 경제 협력도 배제하지 않는 균형 외교를 표방했다. 탈이념적 접근은 중도층 유권자에게 '안정감'을 주는 전략으로 작용했다.

그리고 마침내, 2022년 3월 9일. 보수정당은 다시 정권의 정상에 섰다. 윤석열 후보 48.56%, 이재명 후보 47.83%. 단 0.73%포인트, 24만 7천여 표 차이의 초박빙 승리였지만, 그 무게는 압도적이었다. 단순한 승리가 아니었다. 무너진 신뢰의 회복, 보수 정치의 부활, 그리고 정권 교체에 대한 국민의 기대가 함께 집약된 결과였다.

2017년 참패의 충격, 분열과 낙오의 시간. 그로부터 불과 5년 만에 다시 일어섰다는 점에서, 이 승리는 기적에 가까운 재기 서사였다. 박근혜 탄핵으로 무너졌던 정당은 더 이상 '탄핵의 그림자'에 머무르지 않았다. 국민은 과거를 묻기보다는 미래를 선택했고, 보수는 그것에 응답했다.

부활 공식의 완성:
2012년 박근혜와 연속 승리의 비밀

이명박의 2007년 승리가 10년 만의 극적인 재기였다면, 박근혜의 2012년 승리는 그 성공 공식의 완성판이었다. 더욱 주목할 점은 이명박 정부에 대한 여론이 악화된 상황에서도 정권재창출에 성공했다는 사실이다. 이는 단순한 승리가 아니라, 보수정당이 시대 적응력을 갖췄음을 보여주는 역사적 성취였다.

지금까지 살펴보았듯이 박근혜의 2012년 승리는 2004년 천막당사에서 시작되었다. 84일간의 천막 생활은 단순한 정치적 퍼포먼스가 아니었다. 그것은 보수정당의 DNA를 바꾸는 근본적 전환의 출발점이었다. 천막당사에서 박근혜가 배운 것은 세 가지였다. 첫째, 진정성 있는 사과의 힘. 둘째, 상징을 통한 메시지 전달의 위력. 셋째, 위기를 기회로 바꾸는 리더십이었다.

천막정신의 핵심은 '국민 앞에서의 겸손'이었다. 호화로운 당사를 버리고 먼지 날리는 천막으로 이주한 것은 권력에 대한 근본적 인식 전환을 의미했다. "권력은 국민이 위임한 것이고, 그 권력을 남용했다면 국민 앞에 무릎 꿇고 사과해야 한다"는 철학이 천막당사의 정신이었다. 이는 권위주의 시대 보수정당이 보여주지 못했던 새로운 모습이었다.

천막당사 시절 박근혜는 매일 오전 7시에 출근해 밤 11시까지 천막에서 생활했다. 에어컨도 없는 더위 속에서, 비가 새는 천막 아래에서 당무를 처리했다. 점심도 도시락으로 때우며 당원들과 함께 먹었다. 이런 모습들이 언론을 통해 보도되면서 "저들이 정말 변했구나"라는 인식이 확산됐다. 천막은 보수정당의 새로운 브랜드가 되었다.

특히 천막당사 마지막 날, 박근혜는 천막을 접으면서도 "천막정신은 간직하겠다"고 약속했다. 그리고 실제로 새 당사 한쪽에 천막당사 시절 사용하던 컨테이너 2동을 옮겨와 '초심의 공간'을 만들었다. 벽에는 "단 1원의 검은 돈도 받지 않겠습니다. 이를 어길 시 즉각 의원직을 사퇴할 것을 서약합니다"라는 대국민 서약서를 한나라당 의원 전원의 서명과 함께 걸어놓았다. 이는 단순한 장식이 아니라, 매일 보고 되새기는 다짐의 공간이었다.

천막정신은 곧바로 선거 성과로 이어졌다. 2004년 17대 총선에서 121석이라는 선방 이후, 박근혜는 '선거의 여왕'이라는 별칭을 얻기 시작했다. 그러나 진짜 시험은 2005년부터였다. 2005년 12월, 열린우리당이 사립학교법 개정안을 직권상정하자 박근혜는 즉시 장외투쟁을 선언했다. 당내에서도 "한나라당이 무슨 장외투쟁이냐"는 회의론이 있었지만, 박근혜는 흔들리지 않았다. 3개월간 거리에서 농성하며 사학법 재개정을 요구했고, 결국 여야 합의를 이끌어냈다. 이 과정에서 보여준 원칙적 태도는 보수 지지층의 결집을 불러왔다.

2006년 5월 지방선거는 박근혜 리더십의 진가를 보여준 결정적 순간이었다. 선거 유세 중 신촌에서 피습을 당해 얼굴에 11cm 길이의 상처를 입었음에도, 병원에서 수술을 받은 직후 첫 마디가 "대전은요?"였다. 자신의 안위보다 선거 결과를 먼저 걱정하는 모습에 온 국민이 감동했다. 이 일화는 박근혜의 정치적 헌신을 상징하는 대표적 사례가 되었다. 그 결과 2006년 지방선거에서 한나라당은 16개 광역단체장 중 12곳을 석권하는 사상 유례없는 대승을 거뒀다. 특히 접전 지역으로 여겨졌던 대전에서도 박성효 후보가 염홍철 후보를 근소하게 꺾으며 승리했는데, 이는 박근혜의 피습 사건 이후 동정표가 몰린 결과로 분석됐다.

2011년 말, 한나라당은 또다시 위기에 빠졌다. 홍준표 대표의 사퇴와 함께 당의 쇄신이 시급한 상황이었다. 이때 박근혜가 다시 비상대책위원장으로 나섰다. 7년 전 천막당사의 기억을 되살리며, 이번에는 더 과감한 혁신을 시도했다. 가장 상징적인 변화는 당명 개칭이었다. 2012년 2월 한나라당을 새누리당으로 바꾼 것은 단순한 이름 변경이 아니었다. "새로운 국민을 위한 당"이라는 의미의 새누리당은 과거와의 결별과 미래를 향한 의지를 담은 선언이었다. 당시 여론조사에서 한나라당의 지지율은 20%대에 머물렀지만, 새누리당으로 바뀐 후 30%대로 급상승했다. 브랜드의 힘을 보여준 사례였다.

  조직 혁신도 병행됐다. 청년위원회를 대폭 확대하고, 여성 간부 비율을 30% 이상으로 늘렸다. SNS 소통팀을 신설해 디지털 세대와의 접점을 만들었다. 무엇보다 공천 과정에서 여론조사 결과를 대폭 반영해 민심을 직접 반영하려 했다. 2012년 4월 19대 총선은 박근혜 리더십의 진정한 시험대였다. 당시 상황은 불리했다. 집권 4년 차 중간평가 성격의 총선에서 여당이 승리하기는 역사적으로 쉽지 않았다. 더욱이 경제 상황도 좋지 않았고, 이명박 정부에 대한 피로감도 누적된 상태였다.

  하지만 박근혜는 '미래 비전'으로 승부했다. "국민 대통합"을 기치로 내걸고, 계층 간, 지역 간, 세대 간 갈등을 치유하겠다고 약속했다. 특히 복지 확대 공약을 과감하게 제시해 진보 진영의 전유물로 여겨지던 영역에 도전했다. 기초연금 도입, 반값 등록금 지원, 무상보육 확대 등의 공약은 서민층의 마음을 사로잡았다. 선거 결과는 극적이었다. 새누리당 152석, 민주통합당 127석으로 25석 차이의 승리였다. 특히 수도권에서 43석을 확보해 호남을 제외한 전 지역에서 고른 지지를 받았다. 이는 지역정당이 아닌 명실상부한 전국정당으로 거듭났음을 의미했다.

박근혜는 이명박과는 전혀 다른 방식으로 2012년 대선에서 승리했다. 이명박이 '실용주의'와 '경제 성과'로 승부했다면, 박근혜는 '포용성'과 '상징성'을 무기로 삼았다. 같은 보수정당이었지만 접근법은 정반대였다. 이는 보수정당의 전략적 유연성을 보여주는 중요한 사례다. 가장 파격적인 변화는 '복지'를 전면에 내세운 것이었다. 전통적으로 진보의 전유물로 여겨지던 의제를 보수가 선점한 순간이었다. 무상보육, 기초연금, 무상급식 등의 공약은 보수 지지층 일부의 반발을 불렀지만, 중도층과 서민층의 마음을 사로잡았다. "따뜻한 보수"라는 새로운 정체성은 보수정당의 외연 확장에 결정적 역할을 했다.

박근혜가 2012년 대선에서 내세운 가장 파격적인 공약은 '경제민주화'였다. 이는 보수정당으로서는 상상하기 어려운 선택이었다. 대기업 중심의 성장 모델을 비판하고, 중소기업과 자영업자를 보호하겠다는 정책은 기존 보수의 틀을 완전히 벗어난 것이었다. 구체적인 공약도 파격적이었다. 대형마트 영업시간 제한, 골목상권 보호, 대기업 순환출자 금지, 금산분리 원칙 강화 등은 재벌 개혁의 강력한 의지를 보여줬다. 당시 경제계는 "이게 보수 후보의 공약이 맞느냐"며 당황했지만, 서민들은 열광했다. 이런 변화는 박근혜 개인의 철학에서 나온 것이었다. 그는 "성장의 과실이 모든 국민에게 고루 돌아가야 진정한 보수"라고 말했다. 기득권을 지키는 보수가 아니라, 모든 국민에게 기회를 주는 보수로의 전환을 선언한 것이다.

"따뜻한 보수"는 박근혜가 만든 새로운 정치 언어였다. 차가운 권위주의적 보수가 아니라, 약자를 배려하고 소외된 이들을 살피는 보수의 모습이었다. 이는 단순한 수사가 아니라 구체적인 정책으로 뒷받침됐다. 무상보육 정책은 그 대표적 사례였다. 만 0~5세 모든 아이에게 보육료와 유치원비를 지원하겠다는 공약은 진보 진영을 당황시켰다. 그동안 진보의 전유물로 여겨지던 보편적 복지를 보수가 선점한 순간이었다. 기초연금 도입 공약도 마찬가지였다. 노인 빈곤 문제를 해결하기 위해 만 65세 이상 모든 노인에게 월 20만원을 지급하겠다는 것은 혁신적 발상이었다.

호남 지역에 대한 포용 정책도 눈에 띄었다. 그동안 보수 정당이 사실상 포기했던 호남에 과감한 투자를 약속했다. 무안공항 확장, 광주 아시아문화전당 건립 지원, 혁신도시 개발 등은 "포기하지 않는 보수"의 의지를 보여줬다. 박근혜의 가장 큰 무기는 "최초의 여성 대통령 후보"라는 상징성이었다. 남성 중심의 한국 정치에서 이는 혁명적 변화였다. 단순히 성별의 문제가 아니라 정치 패러다임의 변화를 상징했다.

여성들의 지지가 특히 뜨거웠다. 4050세대 중년 여성들은 "우리도 대통령이 될 수 있다"는 희망을 느꼈다. 평생 남성 위주의 사회에서 살아온 이들에게 박근혜의 도전은 대리만족이었다. 2030세대 젊은 여성들도 성차별이 여전한 현실에서 고무적인 사례로 받아들였다. 박근혜의 개인사도 큰 역할을 했다. 어머니를 일찍 잃고 아버지마저 암살당한 비극적 경험, 평생 독신으로 살며 정치에만 매진한 삶은 희생과 헌신의 상징으로 여겨졌다. "나라를 위해 모든 것을 바친 인물"이라는 인식이 확산됐다.

하지만 박근혜는 여성성만을 내세우지 않았다. 강력한 리더십과 추진력도 함께 보여줬다. 세심하고 꼼꼼한 성격, 이성적 판단력, 소통과 배려를 중시하는 태도는 기존 남성 정치인들과는 다른 매력으로 다가왔다. 동시에 원칙적이고 강단 있는 모습으로 "여성이지만 약하지 않다"는 인상을 심어줬다. 이런 균형감이 남녀 모두에게 어필할 수 있었던 비결이었다.

2012년 12월 19일 대선 결과는 모든 예상을 뒤엎었다. 박근혜 51.55%(15,773,128표), 문재인 48.02%(14,692,632표). 3.53%포인트 차이의 승리였지만, 그 의미는 압도적이었다. 민주화 이후 보수 후보 최초로 과반 득표를 달성한 것이다. 특히 주목할 점은 지역별 결과였다. 영남에서의 압승은 예상됐지만, 수도권에서의 선전은 놀라웠다. 서울에서는 아쉽게 졌지만 48.2%로 선전했고, 경기(50.4%)와 인천(51.6%)에서는 승리했다. 충청권에서도 안정적으로 이겼고, 호남에서도 10% 이상의 득표율을 기록해 보수 후보로서는 이례적인 성과를 거뒀다. 연령별로는 50대 이상에서 압도적 지지를 받았고, 성별로는 여성의 지지가 더 높았다. 여성 54.2%, 남성 48.7%로 여성이 5.5%포인트 높았다. 최초의 여성 대통령에 대한 기대가 반영된 결과였다.

박근혜의 2012년 승리는 2004년 천막당사에서 시작된 8년 여정의 완성이었다. 천막에서 배운 겸손과 국민을 향한 헌신의 자세가 '경제민주화', '따뜻한 보수', '국민 대통합'이라는 메시지로 발전했고, 결국 과반 득표라는 역사적 승리로 이어졌다. 이는 단순한 선거 승리가 아니었다. 보수정당이 시대 변화에 적응하며 새로운 정체성을 만들어갈 수 있음을 보여준 사례였다. 전통을 지키되 형식에 얽매이지 않고, 보수의 가치를 현대적 언어로 번역해낼 때 국민의 지지를 얻을 수 있다는 교훈을 남겼다.

2012년 승리의 교훈은 명확하다. 보수는 보수다운 것만 고집해서는 이길 수 없다. 시대가 요구하는 변화를 읽고, 그에 맞는 새로운 언어를 개발할 때 승리할 수 있다. 전통을 지키되 형식에 얽매이지 않는 창조적 보수주의. 천막정신의 핵심인 "진정성 있는 변화", "국민과의 소통", "원칙적 리더십"은 오늘날에도 여전히 유효한 승리의 공식이다. 2025년 패배 이후 보수정당이 다시 일어서기 위해서는 바로 이 천막정신을 되살려야 한다. 권위를 내려놓고 국민 앞에 겸손하게 서는 용기, 시대의 요구를 읽고 과감하게 변화하는 유연성, 그리고 무엇보다 국민을 위한 진정성. 이것이 박근혜가 2004년부터 2012년까지 8년간 보여준 부활의 교훈이다.

부활의 법칙:
불사조가 날아오르는 다섯 가지 조건

보수정당의 28년 역사를 되짚어보면, 재기에는 분명한 패턴과 법칙이 존재했다. 영국 보수당이 1997년 토니 블레어에게 참패한 뒤 13년 만에 데이비드 캐머런을 앞세워 재집권했다. 일본 자민당이 2009년 야당 전락 이후 3년 만에 아베노믹스로 권력을 되찾았다. 독일 기독민주연합 역시 부패와 패배를 딛고 메르켈의 리더십으로 부활했다. 한국 보수정당의 두 차례 극적인 귀환 또한 이 글로벌 재기 공식과 궤를 같이한다.

첫째 법칙은 철저한 반성이다. 실패를 외면하거나 남 탓으로 돌리는 순간, 재기의 기회는 사라진다. 1997년 패배 이후 병역 논란과 언론 편향만을 탓했던 태도는 깊은 반성과 변화를 가로막았다. 반면 2004년 박근혜는 탄핵 역풍으로 참패한 직후, 비상대책위원장으로 나서 "모든 책임은 저에게 있습니다"라고 말했다. 그 한 문장이 변화의 신호탄이었다. 2020년 총선 참패 후 김종인 비대위 또한 패배 원인을 정면으로 분석하며 혁신의 출발점을 만들었다. 재기는 책임 회피가 아닌 책임 인식에서 시작된다.

두 번째 법칙은 과감한 새인물 등용이다. 실패한 리더십에 기회를 반복해서 주는 것은 정치의 자멸이다. 1997년 대선 패배 이후 이회창을 다시 내세운 2002년, 결과는 또다시 패배였다. 반면 2005년 박근혜는 보수 진영에 신선한 이미지를 입히며, 386세대와 젊은 인재들을 전면에 세웠다. 2021년 윤석열의 영입은 한층 더 파격적이었다. 정치 경험이 전무한 검찰총장을 대선 후보로 내세운 것은 기존 질서와의 결별을 상징했다. 국민은 늘 새로움을 통해서만 변화를 인식한다.

세 번째 법칙은 희망의 언어로 무장하는 것이다. 과거의 영광이나 타인에 대한 비판이 아니라, 미래를 보여줘야 한다. 2007년 이명박은 "747공약"이라는 구체적이고 측정 가능한 목표를 내세웠고, 국민은 그 실용성에 반응했다. 2022년 윤석열의 "공정과 상식"이라는 구호는 조국 사태 이후 드러난 시대적 요구를 정확히 짚은 메시지였다. 반면 2004년의 탄핵 프레임, 2017년의 색깔론은 미래 없는 언어였고, 국민의 마음을 움직이지 못했다. 정치는 감성의 언어로 시대정신을 말할 때 승리한다.

네 번째 법칙은 정당의 부활이 조직의 변화 없이는 불가능하다는 것이다. 2005년 박근혜는 당 대표를 당원 직접 선거로 선출하는 경선을 도입했다. 밀실 공천과 하향식 결정이 당의 위기를 불렀다는 사실을 정면으로 인정한 조치였다. 이후 디지털 기반의 당원 참여 플랫폼, 청년 세대와의 실시간 소통 등이 실험적으로 도입되며, 정당은 수직적 명령 체계에서 벗어나기 시작했다. 반면 2016년 친박 체제는 당원 토론을 억제하고 일방통행식 정치를 강화해 실패를 자초했다. 당원은 부속물이 아니라 정당의 에너지다.

마지막 법칙은 꾸준함이다. 재기는 하루아침에 완성되지 않는다. 1997년 패배 이후 2007년 승리까지 정확히 10년,

2017년 참패 이후 2022년 승리까지는 5년이 걸렸다. 이 두 번의 성공은 모두 일관된 개혁 추진과 포기하지 않는 리더십 덕분이었다. 반면 선거 직전에 급조된 인사 개편이나 보여주기식 쇄신은 국민의 신뢰를 얻지 못했다. 재기에는 최소 3년에서 5년이 필요하고, 그 기간을 버티는 조직만이 다시 일어선다.

2007년은 이 다섯 가지 법칙을 모두 충족해 압승했다. 2022년은 네 가지를 적용해 근소한 승리를 얻었다. 반면 2004년과 2016년처럼 일부 법칙만 선택적으로 실행한 경우에는 실패했다. 통계적으로도 전면적 혁신의 성공률은 100%, 부분적 개혁은 실패율 100%였다. 이 다섯 가지는 선택이 아니라 패키지여야 한다.

함정을 피해야 법칙도 산다: 재기를 가로막는 다섯 가지 덫

재기의 법칙을 안다고 해서 성공이 보장되는 것은 아니다. 오히려 그 법칙을 적용하는 과정에서 반복적으로 빠지는 함정들이 더 치명적일 수 있다. 보수정당의 28년 역사는 이런 함정들이 어떻게 재기의 길을 가로막았는지를 선명하게 보여준다. 성공은 법칙의 실행뿐 아니라 실패의 패턴을 피하는 능력에서도 갈린다.

가장 흔하고 치명적인 함정은 성급함이다. 패배의 충격 속에서 빠르게 권력을 되찾고자 하는 조급함이 오히려 더 깊은 수렁을 만든다. 2004년 한나라당의 탄핵 주도는 대표적인 사례다. 노무현 정부의 지지율이 하락하자 기회를 봤지만, 결과는 121석이라는 참패였다. 국민은 실망했지만, 보수정당으로 되돌아갈 준비가 되어 있지 않았던 것이다. 특히 '탄핵'이라는 극단적 선택은 역풍을 불러왔고, 국민 여론을 거스른 조급함은 재기의 가장 큰 적임을 증명했다. 재기에는 시간과 신뢰가 필요하다. 조급함은 언제나 역효과를 부른다.

패배 이후 나타나는 **두 번째 함정은 지속적인 내부 갈등이다.** 책임 공방과 노선 싸움이 표면화되면 정당의 이미지와 에너지는 급속히 소진된다. 2016년부터 이어진 친박-비박의 내전은 2017년 대선 패배의 주범이었다. 비박계 29명의 바른정당 탈당은 역사상 최대 규모의 보수 분열이었고, 결과적으로 홍준표 24%, 유승민 6.8%로 표가 갈라졌다.

분열된 정당은 절대 신뢰를 얻지 못한다. 그 어떤 전략도 내전 속에서는 무력해진다. 윤석열이라는 새로운 구심점이 갈등을 잠재웠지만, 2025년 현재도 이 갈등은 완전히 해소되지 않았다. 과거 청산과 미래 비전 중심의 통합 없이는 재기의 기회도 없다.

세 번째 함정은 기존 지지층을 잃는 것이다. 확장성을 위해 새로운 지지층을 끌어들이려는 시도는 필수지만, 그 과정에서 기존 지지층이 이탈하면 전체 기반이 무너진다. 박근혜의 "따뜻한 보수"와 경제민주화는 일부 전통 보수층의 반발을 불렀다. "이게 무슨 보수냐"는 불만이 터져 나왔다. 윤석열의 "공정과 상식" 역시 때로는 진보적 메시지로 받아들여졌지만, 핵심은 균형 감각이었다. 기존 지지층을 설득하고 안심시키면서 새로운 층을 포용했기 때문에 성공할 수 있었다. 급격한 변화는 불안감을, 지나친 보수성은 폐쇄성을 낳는다. 재기는 균형의 예술이다.

네 번째 함정은 혁신의 형식화다. 위기 때마다 혁신위원회는 출범했지만, 실제로 변화한 것은 거의 없었다. 2004년, 2016년, 2020년 총선 직후 모두 '혁신'을 외쳤지만, 대부분은 구호에 그쳤다. 기득권의 저항, 구체적 실행력 부족, 내부 반발은 혁신을 장식물로 만들었다. 하지만 2020년 김종인 비대위는 달랐다. 그는 젊은 인재를 실제로 영입했고, 디지털 기반 정당을 실천했다. 혁신은 선언이 아니라 행동이다. 국민은 말이 아니라 변화를 본다.

다섯 번째이자 가장 치명적인 함정은 중구난방 혁신이다. 아무리 좋은 개혁도 잘못된 순서로 시도하면 실패한다.

2004년 탄핵 주도는 소통 혁신 없이 바로 정치적 승부를 시도한 조급함의 결과였다. 2016년 친박 체제는 조직 개혁 없이 리더십 중심의 하향식 변화만을 추구했기 때문에 실패했다. 성공한 부활들을 보면 모두 소통 → 인재 → 조직 → 제도 → 정책 → 리더십이라는 단계를 밟았다. 이 순서를 건드리는 순간, 그 어떤 혁신도 공허한 구호가 된다.

함정은 서로 연결되어 있다. 이 다섯 가지 함정은 독립적으로 나타나는 것이 아니라, 서로 연쇄적으로 작동한다. 조급한 복귀 시도는 내부 갈등을 불러오고, 분열된 상황은 형식적 혁신으로 눈가림을 시도하게 만들며, 그 과정에서 기존 지지층마저 떠나간다. 하나의 함정은 또 다른 함정을 불러온다. 반대로, 이 고리를 끊으면 선순환이 시작된다. 장기적 관점에서 인내심을 가지고, 당내 통합을 이루고, 진정성 있는 혁신을 실천하며, 변화와 전통의 균형을 잡는다면 재기의 문은 열린다.

인간 드라마: 숫자 뒤에 숨겨진 의지의 서사

모든 재기의 이면에는 숫자도 전략도 아닌, 인간의 드라마가 있다. 2004년 4월 16일, 서울 여의도. 한나라당은 탄핵 역풍으로 121석이라는 참담한 성적표를 받아들었다. 당사는 철제 천막으로 옮겨졌고, 당원들의 얼굴엔 허탈함이 가득했다. 그날 박근혜는 아무 장식도 없이 단상에 섰다. "모든 책임은 저에게 있습니다. 새로운 한나라당을 만들겠습니다." 그 짧은 문장이 당원들의 눈물을 터뜨렸다. 그날부터 '불굴의 여인'의 복구 작업은 시작되었다.

2017년 5월 10일, 을지로 자유한국당 당사. 개표방송 내내 침묵만이 흐르던 상황에서, 최종 결과는 홍준표 득표율 24%. 대선 역사상 보수 진영 최악의 패배였다. 누군가는 "이제는 진짜 끝난 것 같다"고 중얼거렸고, 몇몇 당원은 끝내 눈시울을 붉혔다. 하지만 그 순간, 한 중진 의원이 조용히 말했다. "박근혜 탄핵도 견뎠습니다. 이것도 견딥시다. 우리는 불사조 아닙니까." 그 말은 위로였고 동시에 각성이었다. 다시 일어서야 한다는, 정치의 본능과 신념의 기억이 살아나는 순간이었다.

정당의 재기는 시스템이 아니라 사람에서 시작된다. 위기 속에서도 끝까지 자리를 지키는 사람, 현실의 벽 앞에서도 미래를 상상할 수 있는 사람, 실패를 수치가 아니라 자산으로 전환할 줄 아는 사람. 그런 사람들이 법칙을 만들고, 그 법칙이 승리를 이끈다.

다시 일어선 보수정당의 배후에는 의지, 용기, 신념이라는 이름의 인간적 자산이 있었다. 그것이 없었다면 1997년, 2017년 이후의 승리도 존재하지 않았을 것이다. 재기는 수치로 설명할 수 없다. 그것은 사람이 만든 정치의 기적이다.

세 번째 부활을 위한 다섯 가지 법칙

2025년, 보수정당은 세 번째 부활 시험대 위에 서 있다. 윤석열 대통령의 비상계엄 선포와 탄핵이라는 미증유의 사태는 2017년 박근혜 탄핵보다 깊은 구렁텅이를 만들었다. 그러나 이미 두 번의 재기를 경험한 우리는 '**철저한 성찰, 과감한 인적 쇄신, 희망의 언어, 조직 혁신, 지속적 개혁**'이라는 다섯 가지 법칙이 위기 돌파의 진짜 동력임을 안다.

문제는 그 법칙을 오늘의 현실과 어떻게 접목하느냐에 있다. 더 정확히 말하면, '어떤 순서로' 적용하느냐가 성패를 가른다. 과거 두 번의 부활을 분석해보면 성공한 경우는 모두 소통 혁신 → 인재 영입 → 조직 문화 개선 → 제도 개혁 → 정책 개발 → 리더십 교체라는 단계를 밟았다. 반면 실패한 혁신들은 이 순서를 무시하고 성급하게 리더십 교체나 제도 개혁부터 시도했다가 좌초했다.

2025년의 보수정당이 다시 일어서려면 무엇보다 철저한

성찰이 출발점이 되어야 한다. 보수가 전통적으로 강조해 온 '책임 윤리'는 개인에게만 국한되지 않는다. 지도부가 탄핵의 전 과정을 백서로 기록하고, 잘못을 외부가 아닌 스스로에게 귀속시키는 순간, 보수의 도덕적 자본이 다시 숨을 쉰다. 2004년 총선 참패 직후 천막당사에서 "모든 책임은 제게 있다"고 고백했던 박근혜의 한마디가 보수 재건의 시동을 걸었듯, 이번에도 진심 어린 고백이 국민 신뢰 회복의 첫 단추다.

그다음 단계는 기득권 포기다. '자유로운 경쟁과 공정한 기회'라는 보수의 핵심 가치를 정당 시스템 안에 그대로 이식해야 한다. 40대 이하 공동대표제, 청년·여성 공천 50% 같은 파격적 조치는 평등주의적 시혜가 아니라, 역설적으로 능력주의를 투명하게 구현하는 장치다. 2007년 이명박 캠프가 기술관료와 기업인을 대거 발탁해 '경제 추격 서사'를 완성했고, 2012년 박근혜 캠프가 청년 비례대표 실험으로 외연을 넓힌 사례는 기득권을 비워야 새로운 경쟁이 시작된다는 점을 증명한다.

세 번째 축은 새 비전 제시다. 보수의 장점은 현실을 정확히 읽어내는 능력에 있다. 오늘의 현실은 안보·성장만으로 설명되지 않는다. '미래세대 자유―출산, 주거, 교육, AI 전환' 같은 삶의 급소에서 국가가 최소 개입으로 최대 기회를 보장하겠다는 청사진이 필요하다. 2007년의 '747 공약'이 실용주의 시대정신을 포착했고, 2022년의 '공정과 상식'이 불평등에 대한 분노를 흡수했듯, 새 언어는 젊은 세대와 서민층이 느끼는 불안을 해소하는 구체적 정책과 함께 떠올라야 한다.

네 번째 축은 조직 혁신이다. 수직적 위계와 오프라인 중심의 구태를 벗어던지고 디지털 기반의 투명·참여 구조를 구축해야 한다. 블록체인 당원 총회, 탈중앙화(DAO) 예산 심사, 빅데이터 공천 룰은 '작은 정부, 큰 시민'이라는 보수 원칙을 정당 내부 의사결정에 적용하는 길이다. 2005년 당대표 직선제가 폐쇄적 공천문화를 뒤흔들어 혁신의 문을 열었듯, 기술 기반 거버넌스는 파벌과 담합의 토대를 근본부터 허문다.

마지막으로 지속적 개혁이 뒷받침돼야 한다. 혁신은 이벤트로 소비되는 순간 힘을 잃는다. 5년짜리 개혁 로드맵과 연차별 KPI를 당헌에 명시하고, 목표 미달 시 지도부가 자동 퇴진하도록 규정하면 변화는 제도 안에 고정된다. 1997년 패배 후 10년, 2017년 참혹함 후 5년—두 번의 부활이 모두 '시간'과 '끈기'를 먹고 자랐음을 기억한다면, 제도화 없는 개혁은 다시 증발할 위험이 크다.

현재 당은 이 다섯 법칙을 어느 하나도 온전히 실행하지 못한 상태다. 성찰은 시작되지 않았고, 기득권 구조는 건재하며, 희망의 언어는 과거 회귀적 구호에 머물고, 조직은 여전히 폐쇄적이고, 개혁 의지는 방향을 잃었다. 이 공백을 메우지 못하면 국민은 등을 돌린다. 반대로 다섯 축이 동시에 작동하면, 2028년 총선 전까지 신뢰 임계점을 돌파할 충분한 시간이 남아 있다.

결국 정당의 존재 이유는 국민이다. 국민이 무엇을 원하는지를 읽지 못하면 정당은 시대의 변두리로 밀려난다. 불사조는 불에서 태어나지만 날개를 만드는 것은 시간과 용기이며, 기억과 미래를 잇는 통찰이다. 과거의 실패를 기억하고 그 기억 위에 새로운 설계를 세울 때, 세 번째 부활은 '기억의 정치' 위에서 현실로 탄생한다.

부활 법칙의 2025년 적용 체크리스트

부활 법칙	2025년 현재 상태	적용 가능성
법칙1: 철저한 성찰	현실 부인 지속	시급한 착수 필요
법칙2: 기득권 포기	기존 체제 고수	전면 교체 불가피
법칙3: 새비전 제시	과거 회귀 경향	시대정신 재정립
법칙4: 당조직 혁신	부분적 시도	디지털 전환 가속
법칙5: 지속적 개혁	미지수	리더십 의지 관건

2025년 패배의 원인과 교훈

2025년 6월 3일 밤 10시. 선거대책본부는 숨조차 쉬기 어려운 침묵에 잠겨 있었다. 그날, 역대 최고 투표율 79.4%라는 숫자는 기적이 아니라 경고였다. 높은 투표율은 정권에 대한 지지가 아니라, 변화에 대한 뜨거운 갈망의 표출이었다. 특히 2030세대의 폭발적 참여는, 정치 세력 교체를 향한 분명하고도 매서운 의지였다.

　개표 결과는 냉혹했다. 김문수 41.15%, 이재명 49.42%. 격차는 8.27%포인트. 겉으로 보기엔 2017년 홍준표의 참패보다는 나아졌다고 위안할 수 있을지 모른다. 그러나 그 결과가 지닌 함의는 훨씬 더 무거웠다. 이번 패배는 단지 한 번의 낙오가 아니라, 익숙해질 정도로 반복된 실패의 구조였다.

2017년 조기 대선의 상처는 아직도 생생하다. 박근혜 대통령의 탄핵, 분열된 보수, 그리고 참담한 결과. 그로부터 8년 후, 우리는 같은 구조의 재연을 목격했다. 윤석열 대통령의 퇴장, 또다시 조기 대선, 김문수 후보의 출마와 패배. "보수 대통령의 몰락 → 조기 대선 → 야당 전락"이라는 3단 알고리즘이 거의 기계처럼 되풀이되었다.

이것이 과연 단순한 우연일까? 아니면, 우리가 구조적으로 되풀이하고 있는 실패의 공식일까? 이 시나리오는 가상의 미래지만, 지금 우리가 가고 있는 궤적을 생각해보면 충분히 예견 가능한 현실이다.

우리는 지금 '예상된 패배'를 마주하고 있다. 그리고 이는 어쩌면 가장 귀중한 기회일 수 있다. 실패를 미리 시뮬레이션해볼 수 있는, 그래서 진짜 실패를 피할 수 있는 마지막 기회. 무엇이 문제였는가? 왜 우리는 같은 지점에서 계속 미끄러지는가?

2022년 3월, 그토록 극적이었던 정권교체는 왜 채 3년도 지나지 않아 패배의 출발점으로 전락했는가? 국민의 박수 속에 출발한 정부가 어쩌다 외면과 분노의 대상으로 바뀌었는가? 이제, 우리는 이 '패배의 시나리오'를 해체해야 한다. 감정이 아닌 구조로, 책임 회피가 아닌 성찰로. 그리고 바로 그 과정 속에서, 우리는 세 번째 부활을 위한 단서를 다시 찾게 될 것이다.

모든 것을 바꾼 12시간:
2024년 12월 3일, 그날 밤

2024년 12월 3일 밤 10시 25분, 사건은 시작됐다. 윤석열 대통령이 긴급 대국민 담화를 발표하자 국민은 숨을 죽이고 TV 앞에 모였다. 그리고 믿기 어려운 선언이 나왔다. "비상계엄을 선포합니다."

전국이 얼어붙었다. 당시 전쟁도, 대규모 재난도, 테러도 없었다. 대통령은 "국정 마비와 국민 안전 위협"을 사유로 들었지만, 다수 국민은 납득하지 못했다. 야당의 예산 삭감과 탄핵 추진이 배경으로 제시되었으나, 그것이 계엄 선포의 정당한 근거가 되기는 어려웠다. 민주당의 의회 독주가 국정 운영을 막고 있기는 했지만, 군사력을 동원하는 조치는 과도하다는 평가가 지배적이었다. 국민 반응은 즉각적이었다. 수많은 시민이 국회 앞으로 몰려들었고, 계엄군의 통제에도 불구하고 국회의원들은 하나둘씩 의사당으로 들어가 긴급 대책 회의를 시작했다.

새벽 1시, 국회는 계엄 해제 촉구 결의안을 전광석화처럼 가결했다. 총 190명 전원 찬성이었다. 그것은 한 정당의 의견이 아니라, 헌정 질서를 수호하려는 전체 정치권의 본능적 반응이었다. 오전 4시 30분, 윤석열 대통령은 결국 비상계엄 해제를 선언했다. 계엄 선포 후 불과 6시간 만이었다.

그러나 이미 돌이킬 수 없는 선을 넘은 뒤였다. 헌법의 뿌리를 뒤흔든 중대한 사건, 그것이 바로 '2024년 계엄 사태'였다. 국민들의 분노는 가라앉지 않았다. 그 분노는 정치적 심판으로 이어졌고, 보수정당의 재기 시나리오는 다시 원점으로 되돌아갔다.

이 사건은 단순한 해프닝이 아니었다. 2017년 박근혜 전 대통령의 탄핵 이후 8년 만에, 또다시 '대통령의 권한 남용, 국민의 분노, 탄핵, 조기 대선, 야당의 승리'라는 정치적 연쇄 반응이 반복된 것이었다. 다만 하나의 차이점이 있었다. 2017년은 민간인 국정 개입이라는 복잡하고 은밀한 사건이었지만, 2024년의 비상계엄은 훨씬 더 명백하고 직관적인 헌법 위반이었다. 그날 밤 단 12시간의 선택이 모든 것을 바꿨다.

비상계엄 선포 직후부터 정치권 전반에서 탄핵론이 급속히 확산됐다. 야당은 물론이고 여당 내부에서도 "이건 너무 했다"는 목소리가 터져 나왔다. "명백한 헌법 위반"이라는 지적이 쏟아졌고, 헌법이 금지한 권한 남용의 전형이라는 비판이 이어졌다. 국정 혼란이 아니라 대통령 자신이 민주주의를 위협한 것이 문제의 핵심이었다. 결국 12월 14일, 국회는 윤석열 대통령에 대한 탄핵소추안을 가결했다. 찬성 204표, 반대 85표, 기권 3표, 무효 8표. 국민의힘 의원 12명이 당론에 반해 찬성표를 던졌다.

그 이후 헌법재판소 심리는 이례적으로 빠르게 진행되었다. 2017년 박근혜 탄핵 당시보다 훨씬 분명한 위헌 사안이었다. 비상계엄 요건 미충족, 법률상 절차 위반, 명백한 권력 남용. 헌재는 이 세 가지가 핵심이라고 판단한 것이다. 이러한 쟁점을 중심으로 심리는 진행되었고, 4월 4일, 재판관 8명 만장일치로 대통령 파면을 결정했다.

헌재가 파면 결정을 내린 직후, 조기 대선의 시계는 숨 가쁘게 돌아가기 시작했다. 헌법이 명시한 60일 이내 선거 규정을 따라 투표일은 6월 3일로 확정되었고, 국민의힘 앞에 남은 것은 두 달 남짓한 준비 기간뿐이었다.

가장 시급한 과제는 후보 선정이었다. 충분한 당내 경선을 치를 여유가 없었기에, 비상 상황 속에서 신속히 대표주자를 결정해야 했다. 그렇게 선택된 인물이 김문수였다. 경기지사 경험을 바탕으로 행정력과 정치적 중량감을 갖춘 인물이지만, 74세라는 연륜 탓에 일부 젊은 유권자에게는 '세대 교체'의 요구와 거리가 있어 보일 위험이 있었.

그러나 이 선택이 곧바로 잘못이었다고 단정할 일은 아니다. 당이 가진 인재 풀과 촉박한 일정, 그리고 안정적 국정 운영에 대한 국민적 요구를 동시에 고려하면 김문수는 '위기관리형 리더십'을 상징할 카드이기도 했다. 우리는 다만, ①

세대 포용 메시지를 충분히 증폭하지 못했고 ② 윤석열 정부와의 차별화 전략을 얼마나 설득력 있게 전달했는지 자문해볼 필요가 있다.

결국 이 대목은 특정 인물을 비판하려는 것이 아니다. 제한된 시간 속에서 우리가 선택한 전략, 그리고 그 전략을 실행하는 과정에서 놓친 세밀한 포인트들을 성찰하려는 것이다. '새 인물'이냐 '검증된 경험'이냐를 넘어, '새 시대가 요구하는 가치와 서사를 어떻게 설계했느냐'가 선거의 성패를 갈랐다는 사실을 되짚어봐야 한다.

프레임 전쟁에서의 완패: 민주주의 수호 vs 정치적 탄핵

2025년 대선은 본질적으로 '프레임 전쟁'이었다. 이념이나 정책보다 먼저, 국민의 머릿속에 무엇이 정의이고 무엇이 책임인가를 규정하는 싸움이었다. 그리고 이 싸움에서 국민의힘은 철저히 패배했다.

더불어민주당은 선거 초반부터 강력한 대의명분을 내세웠다. '민주주의 수호'라는 단순하면서도 강력한 구호였다. 윤석열 대통령의 비상계엄 선포를 '헌정질서에 대한 반역'

으로 규정하고, 그에 맞선 탄핵과 조기 대선은 '정의의 승리'로 포장했다. 이재명 후보는 유세 현장마다 "이 선거는 정권을 바꾸는 선거가 아니라, 민주주의를 지켜내는 선거"라고 강조했다. 윤석열의 비상계엄을 1980년 광주의 그림자와 연결시키며, 시대를 거슬러 올라가려는 퇴행적 시도로 비판했다.

반면 국민의힘은 '정치적 탄핵'이라는 프레임을 들고 나왔다. 야당이 순전히 정치적 의도로 대통령을 끌어내렸고, 그 연장선에서 조기 대선을 기획했다고 주장했다. 윤석열 대통령의 비상계엄 선포는 국정 마비를 타개하기 위한 '불가피한 선택'이었다고 설명했다. 그러나 이 논리는 국민에게 큰 설득력을 주지 못했다.

결국 문제는 명분이었다. 민주당의 프레임은 '헌정수호'라는 가치에 기대고 있었고, 이는 국민 다수에게 직관적으로 받아들여졌다. 반면 국민의힘은 구체적인 상황 설명도, 정당한 사유도 제시하지 못했다. 무엇보다 비상계엄이 단 6시간 만에 철회됐다는 사실은, 그것이 '실제 위기 대응'이 아니라 '정치적 판단'이었음을 스스로 인정한 꼴이 되었다.

2025년 대선에서 국민의힘이 직면한 가장 치명적인 문제는 바로 '경제 메시지의 실종'이었다. 전통적으로 보수정당이 강점을 보여온 경제 분야에서조차 주도권을 상실한 것이다. 선거 내내 국민의힘은 윤석열 대통령 탄핵 정국을 방어하는 데 정치적 에너지를 소진했고, 국민이 가장 절실히 요구한 생계 문제와 민생경제에 대해 실질적이고 설득력 있는 해법을 제시하지 못했다. 그 결과, 경제를 말해야 할 자리에 정쟁이 들어섰고, 민생을 설명해야 할 순간에 네거티브만 반복되었다. 이재명 후보에 대한 공격에 집중한 전략은 단기적 정치 효과를 노렸을지 모르지만, 보수정당으로서의 정체성과 정책적 신뢰를 회복하는 데는 오히려 독이 되었다.

김문수 후보는 여러 경제 공약을 발표했지만, 대부분이 추상적 구호에 머물렀다. "경제 회복", "서민을 위한 경제" 같은 말들은 있었지만, 이를 뒷받침할 수 있는 구체적 실행 전략이나 차별화된 메시지는 부재했다. 특히 유권자들이 체감할 수 있는 핵심 의제인 물가, 주거, 청년 일자리에 대해 임팩트 있는 답변을 내놓지 못했다.

반면 이재명 후보는 경제 이슈를 선거전의 중심 무기로 삼았다. 기본소득 확대, 부동산 안정화, 주가지수 상승 등 국민들이 직접적으로 체감하는 분야에 대해 구체적이고 다층적인 공약을 제시했다. 특히 윤석열 정부 하에서 다시 상승한 집값 문제는 중산층의 실망과 불안을 자극했고, 이재명은 이를 집요하게 파고들었다.

2025년 대선에서 국민의힘이 의도적으로 집중했던 전략 중

하나는 이재명 후보의 도덕성에 대한 공격이었다. 대장동 개발 특혜, 백현동 의혹, 성남FC 후원금 논란 등 이재명을 둘러싼 각종 의혹들을 연이어 제기하며, 여전히 검찰 수사와 재판이 진행 중이라는 점을 부각시키려 했다. "부패한 후보를 대통령으로 세워서는 안 된다"는 도덕적 명분을 강조하고자 했다.

그러나 이 전략은 국민에게 큰 반향을 일으키지 못했고, 오히려 역효과를 낳았다. 유권자들 눈에는 이러한 공세가 "네 탓 공방"에 불과하게 보였기 때문이다. 무엇보다 윤석열 대통령의 비상계엄 선포라는 전대미문의 헌정 위기가 정국을 압도하고 있는 상황에서, 이재명의 의혹들은 상대적으로 작고 오래된 이슈처럼 보였다.

더욱이 이재명은 이미 2022년 대선 과정에서 유사한 의혹들을 겪고도 끝내 낙마하지 않았던 인물이다. 그는 2년 넘는 검찰 수사와 재판을 거치면서도 정치적으로 살아남았고, 그 과정에서 "검찰의 정치적 수사"라는 프레임을 공고히 다져왔다. 국민들 사이에서는 피로감과 함께 일정 부분 면역 반응이 생긴 셈이었다.

김문수 후보는 개인적으로는 도덕성이 검증된 인물이었고, 과거 정치 활동에서도 큰 비리가 없었다. 하지만 문제는 그가 윤석열 정부의 도덕성 실추에 대해 연대 책임을 져야 하는 위치에 있다는 점이었다. 아무리 "나는 윤석열이 아니다", "나는 새로운 보수다"라고 주장해도, 국민의 눈에는 같은 배를 탄 사람으로 인식되었다.

표심 이탈의 구조적 원인

2025년 대선에서 김문수 후보가 수도권에서 기록한 성적은 참담함 그 자체였다. 서울에서 41.55%, 경기에서 37.95%, 인천에서 38.44%를 얻는 데 그쳤고, 수도권 전체 평균은 약 39%에 머물렀다. 반면 이재명 후보는 서울 47.13%, 경기 52.2%, 인천 51.67%로 수도권 전 지역을 석권했다. 격차는 서울 5.58%포인트, 경기 14.25%포인트, 인천 13.23%포인트로, 보수정당이 수도권에서 완전히 고립된 결과였다.

수도권은 단순히 한 지역이 아니라, 대한민국 인구의 절반 이상이 거주하는 정치적 중심축이다. 이곳에서 40% 미만의 지지를 받는 정당은 전국 단위 선거에서 승리하기 어렵다. 결국 이번 수도권 참패는 한 지역의 선거 실패를 넘어, 보수정당이 전국 정당으로서의 존립 기반을 심각하게 위협받고 있음을 보여준다.

그 원인을 단순히 윤석열 대통령 개인에 대한 평가로 돌리기에는 부족하다. 오히려 보수정당이 수도권 중산층, 청년층, 여성 유권자들과의 감정적·정책적 단절을 지속해온 구조적 실패의 결과에 가깝다. 특히 20대 여성층에서는 보수정당과 대통령에 대한 강한 반감이 광범위하게 형성되어 있었고, 이는 민주당 지지로 직접 이어졌다. 남성 청년층에서도 일정 부분 이탈이 확인되었으며, 이는 보수진영 내부에서도 우려의 목소리를 키웠다.

조직력의 약화 또한 치명적이었다. 수도권 지역 조직은 지속적으로 붕괴되어 왔고, 유권자 맞춤형 정책 대응도 부족했다. 지역구 단위에서 주민들이 요구하는 실질적 문제 해결 능력이 실종되었으며, 이는 정당에 대한 전반적 신뢰 하락으로 연결됐다.

무엇보다 결정적인 악재는 2024년 12월 윤석열 대통령의 비상계엄 선포였다. 수도권 고학력 유권자들과 진보 성향의 중도층에게 이 사건은 '헌정 질서에 대한 도전'으로 인식됐다. 사건 직후 윤석열 대통령의 지지율은 13~17%까지 급락했고, 국민의힘 정당 지지도 역시 20%대까지 무너졌다. 이 충격파는 대선까지 이어졌고, 수도권 표심을 결정짓는 핵심 요인으로 작용했다.

2025년 대선에서 2030세대는 분열된 표심을 드러냈다. 지상파 방송 3사의 출구조사에 따르면, 20대 유권자 가운데 이재명 후보는 41.3%, 김문수 후보는 30.9%를 얻었고, 이준석 개혁신당 후보는 24.3%를 기록했다. 30대에서는 이재명이 47.6%, 김문수가 32.7%, 이준석이 17%를 얻었다.

특히 성별 구분에서 뚜렷한 대조가 드러났다. 20대 남성의 경우 이준석 37.2%, 김문수 36.9%, 이재명 24.0%로 집계됐지만, 20대 여성은 이재명이 58.1%로 압도적이었고 김문수는 25.3%, 이준석은 10.3%에 그쳤다. 30대 여성 역시 이재명 57.3%, 김문수 31.2%, 이준석 9.3%로 유사한 분포를 보였다.

이 같은 분화는 단순한 세대 현상이 아니라 정치문화의 지각변동을 예고하는 신호였다. 2024년 12월 윤석열 대통령의 비상계엄 선포는 특히 2030세대, 그중에서도 청년 여성층에 강력한 반발을 일으켰다. 이들은 계엄 선포를 민주주의의 본질에 대한 위협으로 인식했고, 전국 곳곳에서 집회를 주도하며 새로운 연대 문화를 형성했다.

한편 김문수 후보는 74세의 고령이었고, 디지털 플랫폼과 SNS, 유튜브 등에서의 존재감이 매우 낮았다. 다른 주요 후보들이 토론회 직후에도 SNS에서 유권자들과 실시간 소통을 이어간 데 비해, 김문수 후보는 응답이 늦거나 일방적이었다는 지적이 잇따랐다. 디지털 네이티브인 2030세대와의 간극은 그렇게 벌어졌다.

반면 이재명 후보는 디지털 소통에서 한발 앞서 있었다. 기본소득, 청년기본소득, 가상자산 등 미래지향적 의제들을 적극 제시하며 젊은 세대의 관심을 이끌었다. 물론 기본소득에 대한 2030세대의 반응은 일관되지 않았다. 여론조사에 따르면, 이들 세대에서 기본소득에 반대하는 응답이 더 높았던 경우도 있었다. 그럼에도 이재명 후보는 디지털 플랫폼을 활용한 정책 해설과 소통을 통해 '청년 친화' 이미지를 강화하는 데 성공했다.

2025년 대선에서도 여성 유권자 다수는 국민의힘 김문수 후보 대신 더불어민주당 이재명 후보를 선택했다. 방송 3사 출구조사에 따르면 20대 이하 여성의 58.1%, 30대 여성의 57.3%가 이재명 후보에게 표를 던졌으며, 김문수 후보는 각각 25.3%, 31.2%에 그쳤다. 전체 여성 유권자에서 김문수가 얻은 득표율은 약 36~39%로, 이재명 후보와 20%포인트 이상의 격차를 보였다.

이 같은 흐름은 2022년 대선과 비교해도 큰 변화 없이 지속되었으며, 오히려 세대별·성별에 따른 투표 양극화는 더욱 심화된 것으로 분석된다. 특히 20~30대 여성층의 보수정당 이탈은 일시적 현상이 아니라 구조적 흐름으로 나타났.

양성평등, 여성 인권 등 주요 의제에서 보수정당의 메시지는 젊은 여성들에게 공감을 얻지 못했다. 윤석열 정부 3년 동안 여성가족부 폐지 추진, 양성평등 정책의 후퇴, 일부 인사들의 성별 갈등적 언행 등은 여성 유권자들의 반감을 더욱 증폭시켰다.

　김문수 후보가 여성 유권자와의 소통을 시도하고 차별화를 꾀했지만, 고령의 남성 후보라는 점은 변화와 양성평등을 기대하는 여성 유권자들에게 매력적으로 다가가지 못했다는 평가가 많았다.

내부의 성찰: 2025년 선거 패배와 나의 책임

2025년 6월 3일 밤, 선거대책본부에서 가장 뼈아픈 순간은 개표 결과를 확인하는 것이 아니었다. 진짜 절망은 그 다음 날 아침, 패배의 원인을 분석하면서 내가 마주한 질문이었다. "나는 과연 이 결과를 막기 위해 무엇을 했는가? 그리고 나 자신은 정말 이 문제와 무관한 관찰자였는가?"

2024년 12월: 예상치 못한 헌정 위기

2024년 12월 3일 비상계엄 선포는 그 누구도 예상하지 못한 초유의 사태였다. 당시 나를 포함한 대다수 의원들은 이 결정이 잘못되었다는 점을 분명히 인정했다. 하지만 그 이후의 대응 방식에서는 각자 다른 길을 택할 수밖에 없었다.

　당내 다수 의원이 '질서 있는 퇴진'을 대안으로 검토한 데는 나름의 이유가 있었다. 윤석열 정부 출범 이후 야당이 검찰총장·감사원장·국정원장 등을 상대로 수십 차례 탄핵을 시도한 전례를 떠올리면, 대통령 탄핵 역시 정치적 무기로 남용될 우려가 컸다. 헌정사상 두 번째 대통령 탄핵이 국가와 국민에게 남길 충격을 최소화해야 한다는 책임감도 작용했다.

반면, 일부 의원은 즉각 계엄 반대를 선언하며 국회로 달려갔다. 이는 헌법적 신념에서 비롯된 행동이었다. 대통령의 긴급권 남용을 막고, 입법부의 견제 기능을 지키려면 즉각적인 대응이 필요하다는 판단이 작용했다.

그러나 이러한 원칙론을 현실 정치에 녹여낼 구체적 전략과 통일된 메시지는 부족했다. 그 결과가 12월 14일 탄핵소추안 표결에서 드러났다. 12명의 의원이 당론과 다른 표를 던진 것은 우리당의 분열과 혼란 그리고 소통 부재가 낳은 상징적 사건이었다.

2025년 4월: 탄핵 이후의 혼란

2025년 4월 4일 헌재의 파면 결정 이후에도 당내 상처는 아물지 않았다. 탄핵에 반대했던 의원들과 찬성했던 의원들 사이의 입장 차이는 여전했다. 전자는 "당론을 지키지 못했다"는 아쉬움을, 후자는 "헌법적 신념을 따른 것"이라는 확신을 각각 가지고 있었다.

당시 상황에서 당대표를 중심으로 한 당내 쇄신 요구는 방향 자체는 타당했지만, 시기와 방법에서 아쉬움이 있었다. 선거를 앞둔 급박한 상황에서 과도한 내부 비판은 결속보다는 분열을 가져올 수밖에 없었다. 특히 동료 의원들을 향한 강한 표현들은 유권자들에게 "스스로도 통합하지 못하는 정당"이라는 인상을 주었다.

홍준표 전 대구시장도 윤석열 정부 출범 초기부터 지속적으로 비판적 목소리를 내왔고, 특히 비상계엄 사태 이후부터는 더욱 강한 비판을 쏟아냈다. 자신의 정치적 신념과 당의 방향 사이의 괴리를 느꼈을 때 그 불만을 표출하는 것은 자연스러운 일이었지만, 이런 공개적 비판이 선거를 앞둔 시점에서 당의 결속에 미치는 영향은 불가피했다.

개인적으로 총선백서 위원장을 맡으면서 저지른 실수도 이 시기의 갈등을 심화시켰다. 객관적이고 냉철한 분석을 통해 당의 혁신을 이끌겠다는 신념으로 시작했지만, 그 과정에서 각 계파 간의 상처를 더욱 깊게 만들었다. 화합과 통합을 위한 도구가 되어야 할 백서가 오히려 분열의 근거로 활용된 것은 나의 정치적 미숙함 때문이었다.

2025년 5월: 전당대회와 후보 선출의 딜레마

5월 3일, 일산 킨텍스 전당대회장에는 '승리를 위한 단일화'

라는 구호가 연신 메아리쳤다. 56.53%라는 과반 득표로 깃발을 들어 올린 김문수 후보는 그 자리에서까지 "정권 재창출이라는 대의가 우선이라면, 한덕수 총리와의 연대도 마다치 않겠다"고 약속했다. 노선과 세대가 엇갈린 당원들조차 '단일화 카드'를 최고 수습책으로 받아들였고, 그 기대감이 투표장 열기를 한껏 끌어올렸다.

막상 전당대회가 끝나자 현실은 급박하게 돌아갔다. 당시 지도부는 조기 대선 일정표에 빨간 줄을 그어가며 "결선 없는 원샷 승부"를 목표치로 제시했고, 한덕수 총리 측과의 접촉면을 넓혔다. 하지만 정작 김 후보는 "이미 당헌·당규에 근거해 선출된 대선후보를 교체하는 것은 절차적 정당성을 훼손한다"는 논리로 되돌아서며 단호한 거부 의사를 밝혔다. 이 순간 당심은 갈라졌다. 지도부의 '현실론'이냐, 김 후보의 '정당성'이냐.

더 난감했던 것은 당원·지지자들의 복합 감정이었다. 김문수의 단일화 공언을 믿고 투표했던 이들은 "승리를 위해 사퇴까지 마다하지 않겠다"던 수십 번의 약속이 번복된 것에 당혹감을 감추지 못했다. 그럼에도 다수는 "지도부가 밀어붙이는 교체 시나리오 또한 투명한 절차 없이 진행된다면 민주주의 원칙을 깎아내린다"는 점에서 불편함을 토로했다. 결국 당원 투표에서 교체안은 부결됐고, 김문수 후보가 최종 확정되었다.

이번 해프닝은 세 가지 아이러니를 남겼다. 첫째, '승리를 위한 단일화'라는 명분이 오히려 내부 결속을 흔들어 놓았다는 점이다. 둘째, 74세라는 연령과 제한된 선거 준비 기간은 김 후보에게도 부담이었지만, 동시에 대안 후보를 자신 있게 밀어붙일 세력을 무력화시키는 요인으로 작용했다. 셋째, 절차적 민주주의와 전략적 현실주의가 충돌하면서, 누구도 완전한 승자가 되지 못했다는 것이다. 그 결과 당은 "정당성은 지켰으나 신뢰는 소모됐다"는 평을 남긴 채, 압축 일정을 뚫고 본선 체제로 진입해야 하는 과제를 떠안게 되었다.

선거 과정: 통합의 딜레마와 보수표 분산

개인적으로 선거 과정에서 가장 아쉬웠던 부분은 개혁신당 이준석 후보와의 단일화 실패였다. 이준석은 2024년 총선에서 화성을 당선시키며 20-30대 남성층에서 상당한 지지를 확보하고 있었다. 젊은 보수층의 결집과 수도권 경쟁력 강화, 그리고 '새로운 보수'의 이미지 구축을 위해서는 그와의 연대가 필요했다.

하지만 단일화는 현실적으로 어려웠다. 이준석에 대한 당내 반감이 컸고, 그 역시 "거대 양당 모두 심판받아야 한다"며 국민의힘과의 연대에 소극적이었다. 후보 단일화의 기술적 어려움도 있었다. 74세 김문수를 39세 이준석으로 교체하는 것은 당내 거센 반발을 불러일으킬 것이 뚜렷했다.

결과적으로 이준석이 8.34%의 득표율을 기록한 것은 김문수와 이재명 간의 격차 8.27%와 거의 비슷한 수준이었다. 보수표의 분산이 선거 결과에 결정적 영향을 미쳤음을 보여주는 대목이다. 특히 20대 남성층에서 이준석이 37.2%의 높은 지지율을 기록한 것을 보면, 세대교체와 젊은층 결집이라는 과제를 해결하지 못한 것이 큰 손실이었다.

당의 조직력도 계파 간 경쟁으로 인해 약화되었다. 지역별로 서로 다른 파벌이 주도권을 잡으려 하면서 효율적인 선거운동이 어려워졌다. 당원들과 지지자들의 사기 저하, 특히 젊은 당원들의 이탈은 심각한 문제였다. 디지털 네이티브 세대는 호소력 부족한 메시지와 구태의연한 갈등 구조에 실망감을 드러냈고, SNS에서의 자발적 지지 활동은 민주당에 비해 너무나도 미약했다.

혁신의 한계와 나의 책임

이 모든 과정을 돌아보면서, 나는 가장 뼈아픈 질문과 마주해야 했다. "과연 나는 이 분열과 무관한 관찰자였는가?" 답은 냉혹했다. 나 역시 그 갈등의 당사자였고, 때로는 문제를 악화시킨 장본인 중 하나였다.

2023년 말 시대전환을 해산하고 국민의힘과 합당할 때,

나는 이 당을 근본적으로 바꿀 수 있다는 희망과 확신을 가지고 있었다. 세계은행에서 15년간 축적한 경험을 바탕으로 낡은 정치 관행을 혁파하고, 국민의 눈높이에 맞는 새로운 보수정당을 만들겠다는 결심이었다. 하지만 그 결심은 현실 정치의 복잡함을 충분히 고려하지 못한 것이었다.

총선백서 위원장을 맡으면서 저지른 실패가 대표적이다. 22대 총선 참패 직후, 냉정한 분석으로 당 혁신을 견인하겠다고 마음먹었으나, '혁신'이라는 기치에 스스로 도취되어 과거의 과오를 들추고 책임자를 지목하는 데 몰두했다. 본디 화합과 통합의 징검다리가 되어야 할 백서는 오히려 분열과 갈등을 키우는 불씨가 되었고, 그 책임이 온전히 내게 있음을 뼈저리게 통감한다.

윤석열 정부와의 관계에서도 마찬가지였다. 정부 출범 이후 '국민을 위한 일'이라는 명분으로 정부 정책에 대한 입법적 뒷받침에 최선을 다했다. 정부의 성공이 곧 국민의 행복이라는 단순한 믿음에서였다. 하지만 그 과정에서 정부 정책의 문제점을 제대로 견제하지 못했고, 결과적으로 국민의 기대를 저버리는 일에 일조했을 수도 있다.

비상계엄 선포라는 헌정 위기 상황에서 보인 나의 모습은 더욱 성찰해봐야 할 지점이다. 이것이 명백한 헌법 위반이며 민주주의에 대한 정면 도전임을 알고 있었지만, 당의 공식

입장과 개인적 신념 사이에서, 정치적 계산과 원칙적 판단 사이에서 명확한 선택을 하지 못했다. 혁신을 외치면서도 정작 결정적 순간에는 기존 권력구조에 안주하려 했던 모순을 부인할 수 없다.

이런 태도는 일관된 패턴이었다. 혁신을 부르짖으면서도 계파 정치의 관성에서 벗어나지 못했고, 당의 미래를 걱정한다면서도 현실적 이해관계에 휘둘렸으며, 합리적 판단보다는 소속감이, 원칙보다는 현실 정치의 논리를 우선시했다. 나 역시 그 낡은 관행의 포로였던 것이다.

무엇보다 가장 참담한 것은 내가 추진했던 모든 '혁신'이 결국 형식에 그쳤다는 사실이다. 정책 연구, 위원회 활동, 토론회, 세미나. 겉으로는 그럴듯해 보였지만 당의 체질을 바꾸는 근본적 변화로는 이어지지 못했다. 나 역시 기존 정치권이 즐겨 하는 '개혁 놀이'에 일조했을 뿐이다.

교훈과 다짐

2025년 6월 3일 밤의 패배는 외부의 적이 아니라 내부의 한계가, 상대방이 아니라 우리 스스로가 만들어낸 약점이 불러온 결과였다. 한국 보수정당의 역사는 단합할 때 이기고 분열할 때 지는 냉혹한 현실을 반복해서 보여주었다. 2017년 홍준표 후보의 24.03% 참패와 2025년 김문수 후보의

41.15% 패배는 8년의 시차를 두고 반복된 같은 교훈이었다.

하지만 이 뼈아픈 인정이 절망으로 끝나서는 안 된다. 이것은 나 개인의 정치적 참회록이 아니라, 보수정당이 왜 반복적으로 실패하는지에 대한 생생한 증언이다. 계파갈등을 분석하면서 나 자신이 그 갈등의 일부였음을 인정하는 것, 혁신을 외치면서도 기존 관행에 안주했던 모순을 직시하는 것, 이것이야말로 진정한 변화의 출발점이다.

앞으로 나는 더 이상 '친 누군가'나 '반 누군가'의 프레임에 갇히지 않겠다. 승리 전략의 주어는 계파가 아니라 국민이라는 엄중한 진실을 가슴에 새기겠다. 정치적 셈법이 아니라 국민의 눈높이에서, 당리당략이 아니라 국가의 미래를 위해 판단하고 행동하겠다.

이 다짐이 또 다른 공허한 약속으로 끝나지 않도록, 나는 내 자신을 가장 엄격한 잣대로 검증하겠다. 혁신을 말하는 순간부터 그 혁신의 첫 번째 대상이 바로 나 자신이어야 한다는 사실을 잊지 않겠다. 보수정당의 재건은 바로 이런 개인적 성찰과 변화에서 시작되어야 한다.

투표율의 역설과 조직력의 한계

2025년 대통령 선거의 최종 투표율은 79.4%를 기록했다. 이는 2022년 대선보다 2.3%포인트 상승한 수치로, 1997년 이후 28년 만에 가장 높은 수준이다. 조기 대선이라는 특수한 상황에도 불구하고, 국민적 관심과 참여는 그 어느 때보다 뜨거웠고, 그 배경에는 정치적 격변과 민주주의 위기에 대한 경각심이 자리하고 있었다.

한국 정치에서 높은 투표율은 복합적으로 작용한다. 일반적으로는 '야당에 유리하다'는 공식이 있지만, 이는 상황에 따라 달라진다. 2022년 대선에서도 77.1%의 높은 투표율을 기록했지만 윤석열이 승리했던 것처럼, 투표율 자체보다는 '무엇 때문에 투표율이 높아졌는가'가 더 중요하다. 79.4%라는 역대급 투표율은 단순한 정치적 관심이 아니라 국민적 경각심에서 비롯되었다. 이런 상황에서의 높은 투표율은 현 정부에 대한 심판 의지를 반영하기 때문에, 여당에게는 치명적으로 작용할 수밖에 없었다.

젊은 층의 적극적 참여는 야권 결집으로 이어졌고, 이는 결과적으로 보수정당의 수도권 참패로 귀결됐다. 반면, 보수정당의 핵심 지지층인 60대 이상 고령층의 투표율도 79.3%로 여전히 높았지만, 젊은 층의 상승 폭과 결집력에는 미치지 못했다. 그동안 전통적 조직력과 결집력에 의존해온 보수 정당은 새로운 세대의 물결 앞에서 전략적 대응에 실패했다.

2025년 대선에서 국민의힘은 조직 동원력 측면에서도 한계를 드러냈다. 무엇보다 조기 대선이라는 돌발 변수로 인해 충분한 준비 시간을 확보하지 못했다. 전국 단위로 정비된 조직 체계를 갖추지 못했고, 특히 젊은 세대를 대상으로 한 조직화에는 심각한 결핍이 있었다. 디지털 네이티브 세대와의 접점을 넓히기 위한 전략이 부족했고, SNS나 유튜브 같은 플랫폼에서도 민주당에 밀리는 모습을 보였다.

이러한 약점은 단순한 기술적 격차를 넘어서, 당의 에너지와 열정의 문제로 이어졌다. 윤석열 대통령의 탄핵 이후, 국민의힘 지역 조직은 눈에 띄게 위축되어 있었다. 당원들의 사기는 바닥을 쳤고, 자발적인 선거 운동이 급감했다. '의무감'에 의해 움직이는 조직과 '열정'으로 움직이는 조직은 질적으로 다르다. 국민의힘 조직은 전자에 가까웠고, 유권자들에게 생동감 있는 메시지를 전달하지 못했다.

반면, 민주당은 2022년 대선 패배 이후 조직 재정비에 힘써왔고, 그 노력이 일정한 결실을 맺었다. 지역 조직의 응집력은 비교적 유지되었고, 특히 젊은 당원들의 활발한 참여가 두드러졌다. 디지털 캠페인에서는 더 큰 성과를 거두며, 온라인 공간에서의 존재감을 확실히 확보했다.

민주당의 효과적 대응 전략

2025년 대선에서 더불어민주당의 승리에는 이재명 후보 개인의 역량이 결정적인 역할을 했다. 그는 2022년 대선에서 아슬아슬하게 패배한 이후 3년 동안 야당의 지도자로서 존재감을 확고히 다져왔다. 각종 수사와 논란에도 불구하고 정치적으로 생존해냈고, 위기 상황에서도 흔들리지 않는 리더십을 선보이며 지지층을 결집시켰다.

이재명 후보는 이번 대선에서 대중과의 소통 전략에 있어 상대적으로 앞선 모습을 보였다. 복잡한 정책을 비교적 쉽게 풀어내려는 노력이 있었고, 거리 연설·유튜브·방송 토론 등 다양한 채널을 통해 일관된 메시지를 전달하려 했다. 그러나 이런 커뮤니케이션 방식이 정책의 실질적 깊이나 실행 가능성에 대한 논의보다는 감성적 호소에 치우친 측면도 있었다. 김문수 후보와 비교할 때 표현력이나 전달력에서는 이재명 후보가 주목을 받았지만, 정책 내용 자체에 대한 평가와는 분리해서 볼 필요가 있다.

이재명의 경기지사 시절 행정 경험도 유권자들에게 긍정적으로 작용했다. 기본소득, 청년배당 등 기존 정치권에서 시도하지 않았던 정책을 실험하고 실행한 경험은, 이번 선거에서 공약의 신뢰성을 뒷받침하는 핵심 자산이 되었다. 단순한 약속이 아닌 '이미 해본 사람'이라는 이미지가 설득력을 더했다.

또한 이재명의 개인사는 여전히 강력한 정서적 메시지를 담고 있다. 어린 시절 공장에서 일하며 야간 고등학교를 다녔고, 결국 사법시험에 합격해 정치인이 되기까지의 과정은, 많은 유권자에게 깊은 감동을 주었다. 이는 단지 신파적 서사로 끝나지 않았다. 현실의 고통을 아는 사람, '우리 편' 정치인으로서의 상징성을 부여한 것이다.

2025년 대선을 앞두고 민주당은 단순한 정권 교체를 넘는 체계적이고 전략적인 대응을 보여주었다. 비상계엄 사태 직후부터 당은 빠르게 움직였다. 국회의원들은 즉각 국회에 집결해 농성을 시작했고, 당 차원에서는 전국 각지에서 벌어지는 촛불집회를 지원하며 시민사회의 분노를 제도권 정치로 연결시키는 가교 역할을 수행했다.

특히 주목할 점은 젊은 세대와의 소통 방식이었다. 민주당은 SNS와 유튜브, 틱톡 등 다양한 디지털 플랫폼을 적극 활용해 젊은 유권자들과의 거리를 좁혔다. 실시간 라이브 방송과 짧고 강력한 메시지를 담은 콘텐츠는 정치에 대한 관심을 행동으로 연결시켰고, 젊은 당원들이 이러한 캠페인의 중심축으로 활약했다.

민주당의 지역 조직 역시 일사불란하게 움직였다. 수도권은 물론, 지역 기반이 약하다고 여겨졌던 영남 일부 지역에서도 공감형 이슈를 중심으로 여론을 조직했고, 시민사회와의 연대도 강화했다. 2017년 촛불혁명을 통해 축적된 '거리의 에너지'를 제도 정치로 이식한 경험이 다시 한 번 힘을 발휘한 셈이다.

정책적인 차별화 역시 민주당의 강점이었다. 윤석열 정부의 경제·사회 정책 실패를 집중 조명하면서, 구체적인 대안을 제시하는 전략을 구사했다. 기본소득 확대, 부동산 안정화, 기후위기 대응, 청년 일자리 창출 등 국민 생활과 직결된 이슈를 선점하며, '심판'이 아닌 '대안'을 내놓는 정당이라는 이미지를 구축했다.

잔혹한 교훈: 2025년 패배가 남긴 것

2025년 대선은 단순한 패배가 아니었다. 그것은 보수정당에게 주어진 참혹한 경고장이었고, '정권 재창출 실패'라는 정치적 결과를 넘어 '정당 존립'에 대한 존재론적 질문을 던진 사건이었다. 윤석열 전 대통령의 비상계엄 선포로 촉발된 조기 대선은 구조적 문제들이 한꺼번에 터져 나온 총체적 위기였다. 이 위기는 세 가지 뼈아픈 교훈을 남긴다.

첫째, 도덕성은 선택이 아니라 생존의 조건이다. 윤석열 대통령의 비상계엄 선포는 명백한 헌법 위반이었고, 이는 단 한 명의 일탈이 전체 정당을 무너뜨릴 수 있음을 여실히 보여주었다. 후보가 누구였든, 어떤 전략을 내세웠든, 이 도덕적 파산 앞에서는 이길 수 없었다. 이는 '이미지 관리'의 문제가 아니라 정당의 존립과 신뢰에 관한 문제다.

보수정당은 유독 도덕성에 취약한 구조를 안고 있다. 진보 진영의 도덕적 결함은 '시행착오'나 '과정의 실수'로 포장되지만, 보수에게 같은 기준은 허용되지 않는다. 왜냐하면 보수는 '질서와 책임'을 약속하는 정당이기 때문이다. 보수의 약속은 결과보다 절차와 도덕에 의해 평가된다. 그래서 작고 사소한 일탈도 '약속 위반'이라는 프레임으로 증폭된다.

둘째, 혁신 없는 변화는 위장이고, 피상적 변화는 죽음이다. 2020년 총선 참패 이후 보수정당은 젊은 리더십과 디지털 캠페인을 전면에 내세우며 반짝이는 쇄신의 이미지를 구축했다. 그러나 집권 이후, 정당은 과거의 관성과 권력구조로 되돌아갔고, 혁신은 이벤트로 전락했다. 74세 김문수를 대선 후보로 내세운 결정은 단순한 인선이 아니라, 혁신 실패의 상징이었다.

특히 젊은 세대와의 소통에서 보수정당은 심각한 퇴보를 겪었다. 디지털 플랫폼, 유튜브, SNS를 중심으로 한 정교한 메시지 전략은 실종됐고, 전통적인 '연설과 기자회견' 중심 정치에 회귀했다. 시대정신을 읽지 못한 정치의 결말은 참혹했다. 젊은 세대는 등을 돌렸고, 보수정당은 그 이탈을 막을 그 어떤 언어도 준비하지 못했다.

셋째, 메시지를 잃은 정당은 목적지를 잃은 난파선이다.
보수정당은 2025년 대선 내내 탄핵 방어라는 수세적 프레임에서 벗어나지 못했다. 정당이 방어 논리로만 무장하면 국민은 미래를 읽을 수 없다. 선거는 법정이 아니라 광장이고, 변명은 정치가 아니다. 국민은 비전을 듣고 싶어했고, 새로운 미래를 보고 싶어했다.

경제 메시지도 실종됐다. '경제는 우리가 잘한다'는 막연한 자기 확신에 머물렀고, 구체적이거나 혁신적인 대안은 없었다. 윤석열 정부 시절 불거진 부동산 문제, 민생 악화, 청년 일자리 불안 등 현안에 대해 실질적 해법을 제시하지 못했다. 반면, 이재명 후보는 정책적으로 논쟁이 많았지만, 적어도 국민의 언어로 미래를 설계했다.

무엇보다 결정적이었던 것은 '변화'에 대한 감수성 부재였다. 국민은 새로운 인물, 새로운 언어, 새로운 미래를 원했다. 하지만 김문수 후보는 과거를 상기시키는 존재였고, 보수정당은 그를 통해 변화를 말할 수 없었다. 변화의 상징이 없었던 선거는 변화의 열망에 밀려날 수밖에 없었다.

진짜 위험성: 영구 야당의 그림자

2025년 대선 패배가 정말로 무서운 이유는, 그것이 단순한 선거 패배를 넘어 보수정당에 대한 '영구적 낙인'이 굳어질 수 있는 기점이기 때문이다. 국민은 패배보다 반복에 민감하다. 실패는 용납될 수 있지만, 같은 실패가 되풀이되면 그것은 '습성'으로 읽힌다. 8년 만에 동일한 패턴이 반복된다면, 유권자들의 집단적 기억 속에 '보수는 언제나 집권 후 무너진다'는 고정관념이 각인될 수밖에 없다.

1997년 김영삼 정부의 IMF 위기, 2017년 박근혜 정부의 탄핵, 2024년 윤석열 정부의 비상계엄. 이 세 번의 위기가 하나의 '정치적 공식'처럼 작동하기 시작하면, 보수정당은 더 이상 신뢰받는 대안 세력이 아니라 '반복되는 실패의 정당'으로 각인된다. 국민의 마음속에 '보수는 결국 망가진다'는 관념이 자리 잡는 순간, 정당의 설득력은 무너지고 투표장에서 외면받기 시작한다.

더 무서운 건 외부의 비난이 아니다. 진짜 위험은 내부의 자기기만이다. "언론이 편파적이었다", "야당이 선동했다", "국민이 오해했다." 그러나 이런 식의 책임 회피는 반복된 실패의 재생산일 뿐이다. 잘못을 외부로 돌리는 순간, 변화는 불가능해진다. 악순환은 체질이 되고, 체질은 결국 정당의 운명을 결정한다.

　이제 선택의 순간이다. 지금 이 위기를 단순한 시나리오로 넘길 것인가, 아니면 근본적 체질 개선의 계기로 삼을 것인가. 정치에서 가장 큰 실패는 지는 것이 아니라, 졌다는 사실을 깨닫지 못하는 것이다. 우리가 지금 마주한 것은 일시적 패배가 아니라, '영구 야당'이라는 비극의 문턱이다.

다음을 위한 준비: 폐허 위에서 시작하는 진짜 혁신

2025년의 패배는 쓰라렸지만, 결코 끝이 아니다. 정치에서 중요한 것은 넘어지는 일이 아니라, 그다음에 무엇을 선택하느냐다. 역사는 반복되지만, 그것이 반드시 같은 결말로 이어지라는 법은 없다. 이번에는 다르게 반복되게 할 수 있다.

　무엇보다 이번 패배는 단순한 실수가 아니라, 패턴의 반복이었다는 점에서 더 중요하다. 8년 전, 2017년처럼 또다시 비상사태, 탄핵, 조기 대선, 대패의 악순환이 재현됐다. 국민은 기억한다. 그리고 학습한다. "보수는 집권하면 무너진다"는 고정관념이 점점 현실처럼 굳어지고 있다. 이것이야말로 가장 심각한 위기다.

　하지만 위기에는 늘 기회가 숨어 있다. 이번 패배는 단점 만큼이나 선명한 장점도 남겼다. 문제가 분명해졌다는 것, 그것이 가장 큰 수확이다. 도덕성 실추, 혁신의 일회성, 메시지 실종. 패배의 원인은 추상적이지 않았다. 구체적이고 분명했기에, 고칠 수 있다.

무너진 자리엔 해방감이 있다. 더 이상 잃을 것이 없기에, 더 근본적인 변화가 가능하다. 그리고 우리는 아직 시간이라는 자산을 갖고 있다. 2030년까지는 5년. 그 안에 재편하고 재건할 수 있다면, 반전은 가능하다.

기억은 살아 있다. 아직 패배의 고통이 선명한 지금이야말로, 가장 치열하게, 가장 진실하게 바뀔 수 있는 시점이다. 이제 중요한 것은 순서와 선택이다. 보수정당은 다음과 같은 재건 로드맵을 가져야 한다.

첫 번째 해, 도덕성 회복에 전념해야 한다. 지도부의 책임성을 다시 세우는 일, 그것이 출발점이다. 두 번째와 세 번째 해, 조직을 다시 설계해야 한다. 수도권, 청년, 여성 조직을 전면 재편하고, 정책 개발에 집중해야 한다. 경제, 사회, 안보 분야에서 미래형 아젠다를 준비하는 것이다. 네 번째와 다섯 번째 해, 새로운 인물을 발굴해야 한다. 시대정신을 담을 수 있는 얼굴, 새로운 서사를 가진 후보를 찾아야 한다.

그리고 가장 중요한 것은 이것이다. 이번에는 과거의 방식으로는 안 된다. 과거의 성공 공식을 재활용해서는 안 된다.

불사조는 같은 깃털로 날 수 없다. 지금 필요한 것은 새로운 유전자, 새로운 언어, 새로운 비전이다.

지금까지의 보수를 모두 벗겨내고, 새롭게 설계해야 한다. 이전의 보수가 아니라, 다음의 보수로 나아가야 한다. 2025년의 패배는 그래서 끝이 아니다. 진짜 보수가 시작되는 자리다. 무너진 그 자리에서, 다시는 무너지지 않을 정당을 설계할 시간이다.

이제, 진짜 시작이다.

보수 혁신 로드맵

패배는 쓰다. 하지만 그 쓰라림만큼 정직한 진단도 없다. 2025년 대선의 참패는 보수정당에게 잔혹할 만큼 명료한 거울을 들이밀었다. 계엄 사태의 충격, 중도층의 이탈, 청년층의 외면, 디지털 소통의 실패. 모든 약점이 한꺼번에 터져 나왔다. 감춰졌던 고질병이 더 이상 숨길 수 없는 지경에 이르렀고, 그 결과는 치명적이었다.

   하지만 절망에 머물 수는 없다. 문제가 명확해졌다는 것은, 해결책도 구체화될 수 있다는 뜻이다. 더 이상 잃을 것이 없는 지금, 보수정당은 가장 과감하고 본질적인 혁신을 설계할 수 있다. 지금이야말로, 보수정당이 21세기의 언어로 새롭게 태어날 수 있는 유일한 기회다. 이 기회를 붙들지 못하면,

영구적 몰락을 피할 수 없다. 이제는 20세기의 낡은 성공 공식을 버리고, 시대에 맞는 새로운 설계도를 그려야 한다.

그 시작은 세 가지 뿌리 깊은 구조의 전환이다.

첫째, 리더십 구조의 대전환이다. 강력한 개인에게 집중되었던 권한을 협업과 분산된 책임의 시스템으로 재편해야 한다. 카리스마보다 시스템이 작동하는 정당이어야 한다. 둘째, 공천 시스템의 완전한 투명화다. 밀실 정치, 사천(私薦)의 시대는 끝났다. 신뢰는 투명성에서 시작된다. 셋째, 청년 인재 풀의 전략적 확보다. 단순한 세대교체를 넘어, 미래 설계의 주체로서 청년을 중심에 세워야 한다. 이것은 정당의 생존 전략이다.

그리고 무엇보다 시급한 과제, 계파 갈등의 해소다. 친윤과 비윤, 친박과 비박, 그 이전의 친이와 비이까지. 한국 보수 정당의 역사는 계파 싸움의 연속이었다. 그때마다 정당은 무너졌고, 국민은 등을 돌렸다. 계파는 다양성일 수 있다. 그러나 그 다양성이 '분열의 무기'가 되는 순간, 정당은 신뢰를 잃는다. 이제 그 고리를 끊어야 한다. 이를 위해서는 ①당원 직선제 확대를 통한 아래로부터의 압력 ②시민사회와 언론의 지속적 감시 ③선거 패배라는 위기감을 활용한 개혁 동력 확보가 필요하다. 정파의 정치를 버리고, 국민의 정치로 전환해야 한다. 지금 필요한 것은 단순한 개선이 아니다. 완전한 리빌딩, 다시 설계된 보수정당이다.

· 새로운 리더십
· 새로운 시스템
· 새로운 문화

21세기형 보수는 과거의 향수를 반복해서는 안 된다. 국민의 눈높이에서, 기술과 감성의 언어로 다시 태어나야 한다. 이제, '다음 승리'를 준비해야 한다. 더는 과거의 성공을 복기할 때가 아니라, 다가올 미래를 설계할 시간이다.

**계파 갈등, 보수를 갉아먹는 독:
해체와 재구성의 정치철학**

한국 보수정당의 지난 30년은 마치 한 편의 반복극과 같았다. 배우는 바뀌지만 대사는 거의 변하지 않았다. 1990년대 민정계와 민주계, 2000년대 친이와 친박, 2010년대 친박과 비박, 2020년대에는 친윤과 비윤. 계파의 명칭은 시대에 따라 달라졌지만, 그 본질은 하나였다. 권력을 중심으로 한 내부 투쟁, 그리고 그 과정에서 훼손되는 정당의 정체성과 국민적 신뢰. 계파는 늘 존재할 수 있다. 다양한 정치적 입장을 가진 이들이 한 정당 안에 모여 있다는 건 오히려 건강한 일이다. 그러나 그 다양성이 서로를 겨누는 무기가 되는 순간, 정당은 내부로 수축하고, 국민은 그 정당을 떠난다.

보수정당은 선거에서 이기기 위해 존재한다. 그러나 한국의 보수정당은 너무 자주, 스스로와 싸우느라 정작 국민과의 싸움에서는 지고 말았다. 정당은 본래 국민을 향해 존재해야 하지만, 계파 갈등에 빠진 순간부터 그 방향은 내부를 향한다. 정치가 설득이 아닌 권력 분점의 경연장이 되고, 민의보다 자리다툼이 우선시될 때, 정당은 기능을 잃는다.

2004년 탄핵 정국 이후의 붕괴, 2016년 공천 파열음과 함께 무너진 새누리당, 2020년 노선 혼란 속의 미래통합당—이 모든 참패의 중심에는 언제나 계파 갈등이 있었다. 문제는 이 갈등이 패배할 때만 부각된다는 사실이다. 승리할 때는 다들 조용하다. 성과를 나누는 일에 집중하며 갈등은 감춰진다. 하지만 패배가 찾아오면 언제 그랬냐는 듯 서로를 향해 손가락질이 시작된다. 계파는 다시 진영을 짜고, 싸움은 더 교묘해진다. 유권자는 그런 정당을 외면하고, 정치는 다시 국민과 멀어진다.

이러한 계파 갈등은 단지 보수만의 문제가 아니다. 그러나 유독 한국 보수정당에서 반복된 이유는 뿌리 깊은 구조적 문제 때문이다. 보수는 리더십을 철학이나 비전이 아니라, 동원력과 장악력으로만 이해해왔다. 내부를 통제하고, 승리를 끌어내는 능력만으로 리더십이 정의되었고, 그 과정에서 정당의 중심에는 늘 특정 계파가 자리했다. 구성원 각자의 책임감보다는 충성심이 우선이었고, 그 충성은 늘 '누구에게'라는 문제로 환원되었다.

그러나 우리가 기억해야 할 시기가 있다. 2007년 이명박 체제와 2012년 박근혜 체제, 두 차례의 승리는 단순히 강한 리더가 있었기 때문이 아니다. 당시에는 내부의 균열보다 외부를 향한 일관된 메시지와 목적의식이 우선했다. 그 순간만큼은 계파보다 정당, 나보다 공동체가 앞섰던 것이다.

문제는 이 승리의 기억마저도 다시 계파의 명분으로 전락했다는 점이다. 누가 정권을 가져왔는가에 대한 과거의 성과가, 오늘날 계파 정당성을 주장하는 논거가 되어버린 것이다. 이처럼 정당 내부에서조차 공동의 기억이 갈라지는 현실 속에서, 정당은 국민을 하나로 묶는 메시지를 만들 수 없다. 정당은 작은 국가다. 규칙이 있어야 하고, 절제가 있어야 하며, 무엇보다 공공성을 향한 방향이 있어야 한다. 그것 없이 이기는 정당은 없다.

보수가 진정으로 다시 살아나기 위해서는 계파를 없애야 하는 것이 아니라, 계파를 규율할 수 있는 철학과 구조를 복원해야 한다. 경쟁은 필요하지만, 그 경쟁이 공동체를 살리는 경쟁이 되어야 한다. 내부를 향한 다툼이 아니라, 외부를 향한 비전의 충돌이어야 한다. 그래야만 그 정당은 국민 앞에 설 수 있다.

결국 정치란 '무엇을 지키기 위해 권력을 행사하는가'라는 질문에서 출발해야 한다. 이 질문이 사라진 정당은, 어떤 계파든 결국 해체의 길을 걷는다. 지금 한국 보수정당이 당면한 가장 시급한 과제는 그래서 단순한 갈등 봉합이 아니다. 다시금 존재 이유를 묻고, 국민 앞에 그 해답을 제시하는 일이다. 보수는 집권을 위한 도구가 아니라, 질서와 책임, 공동체 정신을 구현하기 위한 하나의 방법론이다. 그 철학이 살아있는 정당은 계파를 뛰어넘을 수 있고, 시대를 설득할 수 있다.

보수는 살아남아야 한다. 그러나 살아남기 위해선 달라져야 한다. 그리고 달라지기 위해선, 먼저 안을 들여다보아야 한다. 계파는 우리 안의 거울이다. 지금 그 거울이 보여주는 모습이 과연 국민이 기대한 정당의 얼굴인지, 우리는 진지하게 묻고 또 물어야 한다. 이제는 진짜로 바뀌어야 할 때다.

리더십 구조 혁신:
'강한 한 사람'에서 '조정하는 팀'으로

한국 보수정당의 역사는 박정희·전두환·김영삼·이명박·박근혜·윤석열로 이어지는 카리스마형 지도자 계보로 요약된다. 이들은 위기 때 단호한 결단으로 조직을 몰아붙이며 확실한 추진력을 보여 줬지만, 한 명이 무너지면 정당 전체가 흔들리는 치명적 취약성도 드러냈다. 박근혜 탄핵과 윤석열의 계엄 사태가 보여 주듯 '리더 리스크'는 곧 '조직 리스크'로 번졌고, 강한 리더 아래에서 후계가 성장하지 못한 탓에 공백·혼란·계파 갈등이 반복됐다. 기술 변화, 젠더·세대 균열, 글로벌 복합 위기가 겹치는 21세기에는 이러한 '한 사람 중심' 모델로는 더 이상 버틸 수 없다. 시대가 요구하는 것은 집단지성에 기반한 조정형·협업형 리더십이다.

이 새로운 모델에서 당대표는 절대적 명령자가 아니라 다양한 의견을 조율하고 갈등을 관리하며 조직 역량을 극대화하는 '의사결정 설계자'다. 독일 기민련의 앙겔라 메르켈은 이를 입증했다. 그는 위기 국면에서는 직접 나섰지만, 평상시에는 전문가와 시스템에 권한을 위임해 16년간 안정적 국정 운영을 이어 갔다. 카리스마가 아니라 팀워크를 설계·유지하는 조정력이 장기 집권의 동력이 된 셈이다.

국민의힘이 이 모델로 전환하려면 단계적 접근이 필요하다. 우선 당대표가 독점하던 정책·선거·조직 권한의 상당 부분을 정책위의장과 선거대책위원장에게 이양해 핵심 보직의 독립성과 책임성을 키운다. 이어 외교·경제·복지·디지털 등 주요 현안마다 외부 전문가를 포함한 전문위원회를 상설화해, 의사결정을 개인이 아닌 전문가 중심 회의체로 이동시킨다. 궁극적으로는 전략·통합·실행을 맡는 '리더십 트라이앵글' 체계를 완성해야 한다. 전략가는 외부 환경을 전망하며 장기 비전과 메시지·정책 방향을 설계하고, 통합가는 계파 갈등을 중재하고 대외 연대를 이끌며 위기 시 결속력을 확보한다. 실행가는 조직 운영과 자원 배분, 선거·캠페인을 총괄해 현장 기동성을 보장한다.

이 세 축은 위계가 아닌 수평적 파트너십으로 연결돼 각자의 전문성과 책임을 존중한다. 당대표는 의장에 가까운 위치에서 최종 결정권은 갖되 실행은 전문가에게 과감히 위임함으로써 권한이 분산되면서도 유기적으로 결합된 체계를 유지한다.

이러한 전환을 제도화하려면 당헌·당규 개정이 필수다. 전략·통합·실행 3인 체제를 공식 직책으로 규정하고, 선출·임명 절차와 임기, 책임 범위를 명문화해야 한다. 계파 갈등 완화를 위해 세 축 중 최소 한 자리는 40대 이하이거나 여성

또는 외부 전문가에게 맡기도록 '다양성 배정 규정'을 두고, 연 1회 성과 평가와 재신임 절차를 실시해 실적이 부진한 축은 교체하도록 KPI 기반 평가 조항을 넣는 방식이 실효성을 높일 수 있다.

카리스마는 더 이상 시대정신이 아니다. 시스템이 리더를 만들고, 유기적 협업이 위기를 돌파한다. 국민의힘이 '강한 사람' 구조에서 '조정하는 팀' 체제로 리더십을 혁신할 때, 반복된 공백과 혼란의 고리를 끊고 21세기형 정당으로 재탄생할 수 있다.

승리하는 리더의 5가지 전략:
위기를 기회로 바꾸는 리더십 매뉴얼

새로운 리더십 구조를 만드는 것만으로는 충분하지 않다. 그 구조 안에서 리더가 어떻게 행동하느냐가 승부를 결정한다. 2025년 참패 이후 보수정당을 이끌 차세대 리더에게 필요한 것은 기존의 카리스마형 리더십이 아니라, 위기를 돌파하고 승리를 설계하는 전략적 리더십이다. 패배한 정당을 다시 일으켜 세우고, 분열된 조직을 하나로 묶어내며, 국민의 신뢰를 회복하는 것. 이는 아무나 할 수 있는 일이 아니다.

첫 번째 전략 - 위기 돌파 리더십:
최악의 상황에서 희망을 만들어내는 법

보수정당의 새로운 리더는 무엇보다 '위기 관리자'가 되어야 한다. 2025년 대선 참패, 계엄 사태의 충격, 당원들의 사기 저하, 국민적 불신까지. 모든 것이 최악인 상황에서 출발해야 한다. 이때 리더가 가져야 할 첫 번째 자세는 현실 직시다. 변명하지 않고, 책임을 회피하지 않으며, 있는 그대로의 참혹한 현실을 인정하는 것부터 시작해야 한다.

'우리가 왜 여기까지 왔는가'를 냉정하게 분석하고, 그 결과를 당원과 국민 앞에 투명하게 공개해야 한다. 리더 자신이 먼저 무릎을 꿇고 사과할 용기가 있어야 한다. 진정성 없는 립서비스로는 누구도 설득할 수 없다. 국민은 이미 모든 것을 보고 있다. 숨길 수도, 포장할 수도 없다.

그 다음은 비전 제시다. 절망적 현실을 인정했다면, 이제는 '우리가 어디로 갈 것인가'를 명확히 보여줘야 한다. 이때 중요한 것은 추상적 슬로건이 아니라 구체적이고 달성 가능한 목표들이다. "1년 내 당원 사기 회복", "2년 내 지지율 30% 회복", "3년 내 정권 교체" 같은 단계별 목표를 세우고, 그 목표를 달성하기 위한 구체적 실행 계획을 제시해야 한다.

무엇보다 리더 자신이 변화의 상징이 되어야 한다. 기존 방식을 고수하는 리더로는 변화를 이끌 수 없다. 소통 방식부터 바꿔야 한다. SNS를 직접 운영하고, 당원들과 정기적으로 타운홀 미팅을 갖고, 청년층과 격의 없는 대화를 나누는 모습을 보여야 한다. 리더가 먼저 변해야 조직이 따라온다.

두 번째 전략 - 계파 통합 리더십:
분열을 화합으로 바꾸는 조정의 기술
보수정당의 가장 큰 약점인 계파 갈등을 해결하는 것은 리더의 핵심 임무다. 여기서 중요한 것은 계파를 없애려 하지 말고 관리하는 것이다. 계파는 정당 내 다양성의 표현이다. 문제는 그 다양성이 파괴적 갈등으로 변하는 것을 어떻게 막느냐에 있다.

성공하는 리더는 '편들기'를 하지 않는다. 특정 계파의 리더가 되는 순간, 다른 계파는 적이 된다. 대신 중재자 역할에 충실해야 한다. 모든 계파의 의견을 듣되, 최종 결정은 당의 이익을 기준으로 내린다. 이때 핵심은 투명성이다. 의사결정 과정을 공개하고, 왜 그런 결정을 내렸는지 논리적으로 설명할 수 있어야 한다.

계파 갈등이 터졌을 때는 즉시 개입해야 한다. 48시간의 골든타임을 놓치면 갈등은 걷잡을 수 없이 커진다. 직접 갈등 당사자들을 만나 대화를 중재하고, 필요하다면 공개적으로 중단을 요구해야 한다. "당의 이익보다 계파의 이익을 우선시하는 행동은 용납할 수 없다"는 원칙을 분명히 해야 한다.

동시에 성과 기반 경쟁 구조를 만들어야 한다. 계파별로 담당 분야를 나누고, 각 분야의 성과를 객관적으로 평가해 다음 해 역할을 재배분하는 시스템을 구축한다. 이렇게 하면 계파 간 경쟁이 건설적 방향으로 유도된다.

세 번째 전략 - 소통 리더십:
마음을 움직이는 메시지의 힘

21세기 정치에서 소통은 선택이 아니라 필수다. 특히 신뢰를 잃은 정당의 리더라면 더욱 그렇다. 보수정당의 새로운 리더는 디지털 네이티브가 되어야 한다. 유튜브, 인스타그램, 틱톡까지 모든 플랫폼을 자유자재로 활용할 수 있어야 한다.

그러나 단순히 SNS를 많이 한다고 소통을 잘하는 것은 아니다. 중요한 것은 진정성 있는 메시지다. 포장된 말이 아니라, 리더의 진짜 생각과 감정이 담긴 메시지여야 한다. 실수했을 때는 즉시 인정하고 사과하며, 모르는 것은 솔직히 모른다고 말할 수 있는 용기가 필요하다.

특히 청년층과의 소통에서는 기존 정치 언어를 버려야 한다. "국민 여러분", "조국 근대화" 같은 낡은 표현 대신, 청년들이 실제로 사용하는 언어로 말해야 한다. 그들의 고민인 취업, 주거, 연애, 결혼 문제를 정치인의 시각이 아니라 동세대의 시각에서 바라보고 공감할 수 있어야 한다.

위기 소통도 중요하다. 스캔들이나 논란이 터졌을 때 어떻게 대응하느냐가 리더의 진짜 실력을 보여준다. 핵심은 속도와 투명성이다. 사건이 터지면 24시간 내에 입장을 발표하고, 사실관계를 투명하게 공개하며, 책임질 부분은 분명히 책임진다는 메시지를 전달해야 한다.

네 번째 전략 - 변화 관리 리더십:
저항을 설득으로 바꾸는 혁신의 기술

기존 정당 구조를 바꾸는 것은 엄청난 저항에 부딪힌다. 기득권을 가진 사람들은 변화를 원하지 않는다. 이때 리더가 가져야 할 것은 점진적 변화 전략이다. 한 번에 모든 것을 바꾸려 하면 반발만 커진다.

먼저 변화의 필요성에 대한 공감대를 만들어야 한다. 현재 위기 상황을 객관적 데이터로 보여주고, 변화하지 않으면 어떤 결과가 올지 구체적으로 제시한다. 동시에 변화의 혜택도 명확히 보여줘야 한다. "이렇게 바뀌면 우리 모두에게 이런 좋은 일이 생긴다"는 비전을 제시하는 것이다.

변화의 성공 사례를 만드는 것도 중요하다. 작은 변화부터 시작해서 눈에 보이는 성과를 내고, 그 성과를 널리 알려 변화에 대한 긍정적 인식을 확산시킨다. 예를 들어 청년 공천을 늘려서 실제로 당선자가 나오면, 그 성공 사례를 부각시켜 추가 변화에 대한 동력을 만든다.

저항 세력에 대해서는 대화와 설득을 우선시하되, 필요하다면 단호한 결단도 내려야 한다. 변화를 방해하는 핵심 인물들에게는 명확한 메시지를 전달해야 한다. "함께 가든지, 아니면 비켜달라"는 것이다.

다섯 번째 전략 - 전략적 리더십:
승리를 설계하는 정치적 감각

궁극적으로 정당의 리더는 선거에서 이겨야 한다. 아무리 훌륭한 철학과 정책을 가져도 권력을 잡지 못하면 무용지물이다. 따라서 리더에게는 냉철한 정치적 계산 능력이 필요하다. 여론 분석 능력이 핵심이다. 국민이 지금 무엇을 원하는지, 어떤 이슈에 관심이 높은지, 어떤 메시지에 반응하는지를 정확히 파악해야 한다. 이를 위해서는 정교한 여론조사 시스템과 빅데이터 분석 체계를 구축해야 한다. 직감에 의존하는 시대는 끝났다.

정치는 타이밍의 예술이다. 어떤 정책을 언제 발표하느냐, 인사를 언제 단행하느냐, 공격 포인트를 언제 잡느냐에 따라 같은 카드도 파급력이 달라진다. 여기에 연합 정치의 감각이 더해져야 한다. 과반 확보가 어려운 현실에서 보수 순혈주의에 머물면 외연 확장은 요원하다. 필요하다면 중도와의 연대, 심지어 이질적 세력과의 조건부 협력까지 고려해야 한다.

그러나 전략만으로는 변화가 굴러가지 않는다. 이를 실행할 주체가 있어야 한다. 첫째, 위기의식을 공유하는 당내 개혁파 의원들이 변화의 엔진이 된다. 둘째, 새롭게 영입될 청년 인재들은 조직 문화에 새로운 공기를 불어넣는다. 셋째, 시민사회 압력을 체감하는 당원들은 변화를 제도화할 현실적 동력을 제공한다. 이 세 축을 묶어낼 전담 기구로 '혁신추진위원회'를 설치해 개혁 일정을 관리하고 성과를 주기적으로 점검해야 한다.

궁극적으로 성공하는 리더는 위기를 기회로 전환하면서도 계파를 통합하고, 소통 혁신을 통해 변화를 지속시키며, 모든 노력을 '승리'라는 하나의 목표로 수렴시킨다. 운이 아니라 실력, 카리스마가 아니라 전략이 21세기 정치 리더십의 핵심 조건이다.

계파갈등 해결을 위한 5단계 실행 매뉴얼

한국 보수정당의 계파갈등을 해결하기 위해서는 추상적 원칙이 아닌 구체적이고 실행 가능한 방안이 필요하다. 해외 사례와 한국적 상황을 종합해 볼 때, 다음 5단계 접근법이 가장 현실적이고 효과적이다.

1단계: 갈등 조정 기구의 제도화
먼저 갈등조정위원회를 설치해야 한다. 계파 갈등이 총선과 대선을 앞두고 되풀이될 때마다 정당 전체가 공멸의 길로 치달았다는 사실만으로도, 상설 갈등조정위원회 설치는 선택이 아니라 생존 조건임이 분명하다.

독일 기민련(CDU)이 메르켈 시대에 보여준 집단지성 기반 의사결정 방식을 참고해, 당내 다양한 목소리를 수렴하는 '갈등조정위원회'를 상시 기구로 둔다면, 당내 분쟁을 예방·조정·치유하는 일관된 절차를 구축할 수 있다. 이 위원회는 당 밖 중재 전문가 2인(위원장·부위원장), 시민사회 추천 인사 1인, 청년당원 대표 1인, 여성당원 대표 1인으로 구성된 5인 합의체로 꾸려진다. 전·현직 당대표나 최고위원 경험자는 참여를 배제해 중립성을 확보한다.

분쟁이 포착되면 48시간 안에 자동 소집되어 즉시 현안 분석에 돌입하고, 7일 안에 중재안을 확정·발표하도록 의무화해 '골든타임'을 놓치지 않도록 설계한다. 모든 논의 과정은 원칙적으로 온라인에 생중계해 투명성을 확보하되, 당사자들이 요청할 경우 민감한 사안은 비공개로 전환해 조정의 유연성과 실효성을 동시에 지킨다.

영국 보수당의 '1922위원회'가 평의원들의 발언권 보장과 지도부 견제를 통해 권력 균형을 맞추는 데 주력했다면, 한국형 갈등조정위원회는 권력 감시 기능을 일정 부분 참고하면서도 갈등 봉합과 조직 통합을 1차 목표로 삼는다. 즉, 회의는 단순한 불신임 절차가 아니라 계파 간 신뢰 회복을 위한 상시 대화 채널이자 조정 플랫폼으로 기능해야 한다.

메르켈이 16년간 장기 집권을 이어갈 수 있었던 배경은 단일한 회의체가 아니라 실용적·중도지향 노선과 대연정 전략, 그리고 개인적 협상 능력이 맞물린 결과라는 점도 잊어서는 안 된다. 따라서 한국형 갈등조정위원회 역시 제도적 틀만 이식할 것이 아니라, 실용주의 노선과 외연 확장 전략, 그리고 통합 지향 리더십을 결합해 작동할 때 비로소 당내 분열을 관리하고 국민 신뢰를 회복하는 실질적 효과를 거둘 수 있다.

2단계: 공천 과정의 투명화와 '균형 순환' 원칙 도입

계파 갈등의 뿌리는 결국 '자리'다. 이를 뽑아내려면 공천 과정을 투명하게 드러내는 동시에, 권력이 한쪽에 고이지 않도록 균형 잡힌 순환 원칙을 제도화해야 한다. 일본 자민당을 보면 파벌 간 세력 균형 속에서 총리와 주요 당직이 자연스럽게 돌아가는 구조가 형성돼 있다. 공식적인 순환제가 명문화된 것은 아니지만, 파벌들이 조직표를 동원해 총리 후보를 교대로 밀어주는 관행 덕분에 일종의 '의사(擬似) 정권교체' 효과가 나타났고, 이는 극단적 내전을 완충해 주었다.

한국형 모델은 이 경험을 한 걸음 더 발전시켜 '투명·균형·순환'이라는 세 가지 장치를 당헌에 아예 못 박아야 한다. 첫째, 공천심사위원회 외부화를 통해 외부 인사를 50% 이상 포함하고 심사 전 과정을 온라인으로 생중계해 밀실 논란의 여지를 없앤다. 둘째, 3연임 의원은 차기 공천에서 개방형 경선에 의무 참여하고, 청년·신인에게 가산점을 부여해 세대가 공정하게 경쟁하도록 한다. 셋째, 핵심 당직은 최장 2년까지만 연임하고 이후 최소 1년간 다른 보직으로 이동하도록 해 계파 간 순환과 협업을 일상화한다.

이렇게 투명성을 극대화하고 균형 있는 순환 구조를 제도화하면, 자리 다툼이 소모적 대치가 아니라 건강한 경쟁과 필수적 타협으로 전환되며, 국민 앞에서 '신뢰 가능한 공천 시스템'을 증명할 수 있다.

3단계: 성과 기반 책임 정치의 도입

영국 보수당이 2005년 총선 패배 후 데이비드 캐머런이 당 대표로 취임하면서 도입한 방식을 참고해, 계파별로 담당 분야를 명확히 나누고 각 분야의 성과에 대해 객관적으로 평가하는 시스템을 만든다. 캐머런은 친유럽파에게는 경제 정책을, 반유럽파에게는 이민 정책을 맡기는 식으로 역할을 분담해 갈등을 생산적으로 활용했다.

예를 들어 A계파는 경제정책을, B계파는 외교안보를, C계파는 사회정책을 담당하는 식으로 역할을 분담한다. 그리고 매년 말 당원과 국민을 대상으로 각 분야의 성과를 평가받는다. 성과가 좋은 계파는 다음 해 예산과 인력을 더 많이 배정받고, 성과가 부진한 계파는 역할을 재조정한다.

이렇게 하면 계파 간 경쟁이 파괴적 갈등이 아니라 건설적 경쟁으로 전환될 수 있다. 중요한 것은 평가 기준을 사전에 명확히 하고, 평가 과정을 투명하게 공개하는 것이다.

4단계: 공동 목표 중심의 문화 조성

계파 갈등을 근본적으로 극복하려면 '우리가 왜 한 당에 속해 있는가'에 대한 명료한 공감대가 먼저 마련돼야 한다. 2016년 미국 공화당 사례가 이를 잘 보여준다. 당시 아웃사이더였던 트럼프는 주류가 합의한 단일화 전략을 무너뜨리고, 프리덤 코커스 같은 강경파와 결합해 당을 우경화하며 기성 질서를 뒤흔들었다. 실용적 연합이 아니라 '공통 목표 부재'가 불러온 정치적 격변의 전형이었다. 국민의힘이 같은 혼란을 피하려면, 계파 간 힘겨루기를 넘어 '공동의 승리 서사'

를 수시로 갱신하고 공유하는 절차적 장치를 갖춰야 한다.

이를 위해 매 분기 '당 비전 워크숍'을 열어 전 계파가 직접 참여해 목표를 설정·점검하는 문화를 제도화할 필요가 있다. 핵심은 추상적 수사 대신 구체적이고 측정 가능한 목표를 세우는 것이다. 예컨대 '다음 총선 과반 확보' '청년층 지지율 40% 달성' '수도권 60% 득표'처럼 숫자로 명시한 후, 각 계파가 어떤 책임을 맡아 달성할지를 합의하며 결과를 정기적으로 평가한다. 이렇게 목표·역할·성과를 투명하게 공유하면, 내부 경쟁은 소모적 갈등이 아니라 공동 승리를 향한 '생산적 긴장'으로 전환되고, 외부 변수에 흔들리지 않는 결속력이 형성된다.

5단계: 지속적 모니터링과 피드백 시스템

계파갈등 해결은 일회성 조치로 끝나는 것이 아니다. 지속적인 관리가 필요하다. 이를 위해 월례 '당내 화합 지수'를 측정하고 공개한다. 당원 설문조사를 통해 계파 간 갈등 수준, 당 운영에 대한 만족도, 개선 요구사항 등을 정기적으로 파악한다.

또한 반기별로 '갈등 예방 워크숍'을 개최해 잠재적 갈등 요인을 사전에 발굴하고 대응 방안을 논의한다. 이 과정에서 외부 전문가의 도움을 받는 것도 중요하다. 조직 심리학자,

갈등 조정 전문가, 정치학자 등이 참여해 객관적 시각에서 조언을 제공할 수 있다.

이 5단계 접근법의 핵심은 갈등을 억압하는 것이 아니라 생산적으로 관리하는 것이다. 계파는 정당의 다양성을 반영하는 자연스러운 현상이다. 문제는 그 다양성이 파괴적 갈등으로 변하는 것을 어떻게 막느냐에 있다. 제도적 장치와 문화적 변화를 통해 이를 건설적 경쟁으로 전환할 수 있다면, 계파는 오히려 당의 힘이 될 수 있다.

공천 혁신과 청년 인재 확보:
미래를 위한 파이프라인

보수정당의 가장 뚜렷한 약점은 청년 정치인의 절대적 부족이다. 2030세대가 현실 정치에서 거의 보이지 않는 상황은 단순한 세대 불균형이 아니라, 정당의 지속 가능성을 위협하는 구조적 문제다. 이대로 가면 청년 유권자의 이탈뿐 아니라, 청년 인재의 정치 진입 자체가 불가능해진다. 이제는 근본적인 해법이 필요하다.

더 이상 밀실에서 공천을 논의해서는 안 된다. 공천심사 기준과 절차를 사전에 명확히 공개하고, 외부 전문가 참여 비율을 1차년도 30%에서 시작해 3년 내 50%까지 단계적으로 확대한다. 심사 과정의 핵심 내용은 공개하되, 개별 후보에 대한 세부 평가는 인격권 보호를 위해 비공개로 진행한다. 국민이 직접 보고 판단할 수 있어야 공천 과정이 '정치인 장사'가 아니라 '공적 선발'이라는 인식이 자리 잡는다.

공천심사위원회에 외부 인사 참여 비율을 절반 이상으로 확대해야 한다. 시민단체, 학계, 법조계, 언론계 등 각 분야에서 공정성과 전문성을 인정받은 인사들이 심사에 참여함으로써, 기존 정당 내 기득권에 의한 좌우지를 최소화할 수 있다. 내부 인맥보다 공적 평판과 검증을 중시하는 구조로 가야 한다.

후보자 기초 정보 검증을 위한 디지털 시스템 도입을 검토한다. 학력, 경력, 공직 수행 이력 등 객관적으로 확인 가능한 팩트체크 항목에 한해 자동화 시스템을 활용하되, 정책 전문성이나 리더십 적합성 등의 평가는 여전히 인간 심사위원이 종합적으로 판단한다.

청년 인재를 '행사성 이벤트'가 아니라 당의 지속 가능한 성장 엔진으로 만들려면, 전담 육성 플랫폼을 제도화해야 한다. 이를 위해 국민의힘은 '보수미래리더십아카데미'라는 장기 프로젝트를 가동한다. 1차 연도에는 전국에서 유망한 30명을 선발해 6개월간 주말 집중교육을 실시한다. 과정은 ① 보수 정치철학·정책론(2개월) ②디지털 소통·캠페인 실무(2

개월) ③해외 보수정당 연수·국내 인턴십(2개월)으로 짜여 있고, 연간 운영비는 10억 원을 배정한다.

이 파일럿이 성과를 보이면 2차 연도부터 선발 인원을 50명으로 확대하며, 동시에 전국 50개 대학과 연계해 '보수 씽크탱크'를 설립해 지역 기반 리더를 발굴한다. 세 번째 해에는 1·2기 우수 졸업생 가운데 100명을 뽑아 미국·영국·독일·일본 등 선진국의 보수정당과 공동으로 6개월간 해외 연수·인턴십 프로그램을 운영한다. 이렇게 검증된 청년 풀을 바탕으로 2028년 총선에서 후보자의 50% 이상을 아카데미 출신으로 충원하는 것이 최종 목표다.

청년 중심 전략과 병행해 중도층 전문가 영입 파이프라인도 구축한다. 기업·학계·시민사회에서 활동하는 중도 성향 인사를 '정책 파트너'로 초청해 당적 없이도 자문과 전략 개발에 참여하도록 문을 열고, 일정 기간 후에는 공직 후보군으로 자연스럽게 전환할 수 있는 트랙을 제공한다. 이렇게 청년 인재와 중도 전문가를 동시에 수혈하면, 당은 세대·이념 스펙트럼을 아우르는 다층적 인재 생태계를 갖추게 되고, 외연 확장과 정책 경쟁력 모두를 확보할 수 있다.

여성 정치인 확보는 핵심 과제다. 특히 2030 여성 유권자에게 외면받는 현상은 단순한 메시지의 문제가 아니라, 정치 구조 자체의 성별 불균형에서 비롯된다. 따라서 공천 단계에서부터 여성 비율 확대를 위한 강제 장치가 필요하다. 여성 할당제 도입과 함께, 기존 여성 정치인을 중심으로 하는 멘토링 프로그램, 전문가 중심의 여성정책 태스크포스 운영, 젠더 갈등을 넘어서는 포용적 담론 훈련 과정이 병행되어야 한다.

디지털 전환과 메시지 혁신: 21세기 정치의 언어

현대 정치는 프레임 전쟁의 연속이다. 특히 디지털 시대에서는 단순한 언어전이 아니라, 속도와 정서, 알고리즘을 거머쥔 전면전이다. 이제 프레임 전쟁은 선택이 아니라 생존의 문제다. 보수정당도 이에 걸맞은 디지털 전투체계를 갖춰야 한다.

'디지털 프레임 전략실'을 신설해야 한다. 기존 홍보실이나 대변인 체계와는 다르다. 이 조직은 콘텐츠 생산과 감성 전략, 위기관리까지 프레임 전쟁의 전 과정을 책임지는 실전 조직이다. 구성은 카피라이터, 영상 제작자, 데이터 분석가, 이슈 설계자, 밈 전문가 등으로 다각화한다. 단순한 메시지 반응이 아니라, 여론을 선도하는 프레임 설계 능력이 요구된다.

이들은 24시간 온라인 민심을 실시간으로 스캔하고, 사건이 터지기 전에 대응 시나리오를 가동한다. 프레임 전쟁은 빠른 대응보다 선제 설계가 핵심이다. 가령 '계엄' 같은 돌발 위기나 탄핵 이슈에 대해, 이미 준비된 5단계 위기 대응 매뉴얼과 시나리오별 감정 프레임 텍스트가 존재해야 한다. 프레임은 메시지가 아니라 감정의 구조다. 논리보다 먼저 감정을 선점해야 한다.

각 플랫폼별 전술도 정교화되어야 한다. 유튜브에는 신뢰와 전문성을, 틱톡에는 속도와 유머를, 인스타그램에는 감성과 시각 미학을, 페이스북에는 공감과 스토리를, X에는 날카로운 논평과 해시태그 전투를 투입한다. 플랫폼별 감정 알고리즘에 최적화된 메시지 매트릭스를 개발해야 한다.

'이슈 인큐베이터' 기능도 필요하다. 정책을 먼저 프레임화하고, 감정 라벨을 입혀 밈과 숏폼으로 실험 배포한 뒤 반응 데이터를 측정하고 본 메시지를 설계한다. 디지털 여론은 테스트 없이 못 만든다.

결국 디지털 프레임 전쟁의 핵심은 세 가지다. 속도는 하루 3회, 최소 6시간 간격으로 여론 흐름을 점검하고, 메시지를 전환하는 것이다. 정서는 정치가 감정의 조직화라는 점에서, 모든 메시지에는 감정 코드를 내장해야 한다는 것이다. 주도권은 방어적 대응이 죽음이므로, 먼저 말하는 자가 프레임을 가진다는 것이다.

2022년 대선 패배 이후, 민주당은 내부 혁신을 통해 조직 재정비에 성공했고, 이는 2025년 보수정당이 패배한 한 원인이 되기도 했다. 이제는 그들의 성공 사례를 단순히 비판하는 데 그치지 않고, 철저히 분석하고 전략적으로 벤치마킹해야 한다.

민주당은 '디지털 정당 플랫폼'을 구축해 당원, 지지자, 일반 시민까지 참여 가능한 온라인 공간을 만들었다. 보수정당도 이에 대응해 '보수형 국민소통앱'을 개발할 필요가 있다. 당원 가입, 정책 토론, 투표 참여, 제안 기능 등이 포함된 이 플랫폼은 국민과의 양방향 소통을 실현하고, 중도층과 청년층을 정당 생태계 안으로 끌어들이는 핵심 창구가 될 수 있다.

민주당은 청년 비례 공천 20% 룰을 통해 청년 정치인의 진입 장벽을 낮췄다. 보수정당도 이에 맞서 '보수 청년정치인 30% 진입 목표'를 제시해야 한다. 이는 단순한 할당제가 아니라, 생존 전략이다. 젊은 피가 수혈되지 않으면 정당은 늙는다.

가치 재정립: 21세기 보수주의의 새로운 좌표

2025년 패배는 단지 선거에서 졌다는 것이 아니라, 정체성의 위기를 드러낸 사건이었다. 보수정당은 무엇을 지키려는 정당인가? 어떤 사회를 만들고자 하는가? 대중은 이 질문에 명확한 답을 듣지 못했다. 이제는 21세기 보수주의의 철학을 재정의해야 할 때다. 낡은 프레임이 아니라, 새 시대의 언어로 다시 말해야 한다.

'질서'는 보수주의의 전통적 기둥이다. 그러나 과거의 질서는 종종 권위와 통제의 이름으로 남용되었다. 이제 보수는 억압적 질서가 아닌 '자발적 질서'를 추구해야 한다. 법치주의에 기반한 예측 가능한 사회, 시장원리 속에서 작동하는 공정한 경쟁, 절차적 민주주의를 존중하는 정치 문화. 이것이 보수가 추구해야 할 새로운 질서의 풍경이다. 혼란 속 안정이 아니라, 자유 속 질서를 만드는 힘이 되어야 한다.

그동안 '공정'은 진보가 주도한 키워드였다. 그러나 진짜 공정은 보수의 책임이자 기회다. 태생의 차이가 출발선의 차이가 되지 않도록, 노력과 결과가 정직하게 연결되는 시스템을 설계하고, 편법과 특권이 아닌 실력과 책임이 통하는 사회를 만드는 것. 이것이 21세기 보수주의가 실현해야 할 공정이다. 보수는 기득권을 수호하는 세력이 아니라, 기회의 균형추를 잡는 세력이 되어야 한다.

보수주의는 원래 '책임의 정치'였다. 그러나 어느 순간부터 보수는 자율만 강조하고 책임은 회피하는 이미지로 굳어졌다. 이제 다시 회복해야 한다. 개인의 자유는 자기결정과 함께 자기책임을 전제로 하고, 기업의 이익은 사회적 책임과 동행해야 하며, 정부는 권력을 위임받은 만큼, 성과와 윤리에 책임지는 운영을 해야 한다.

이 세 가지 핵심 가치인 질서, 공정, 책임은 각기 따로 존재하는 것이 아니라 유기적으로 연결된 구조다. 질서 있는 사회 안에서 공정한 경쟁이 이루어지고, 그 결과는 각자가 책임진다. 이것이 보수가 꿈꾸는 건강한 자유공화국의 모습이다.

과거의 보수정당은 선명한 이념으로 움직였다. 반공, 친미, 성장 중심. 이념은 결집에는 유리했지만, 확장에는 치명적 한계를 드러냈다. 특히 오늘날의 유권자, 특히 2030세대는 더 이상 '좌우'를 기준으로 판단하지 않는다. 그들에게 중요한 것은 이념이 아니라 효과다. 정책이 삶에 어떤 변화를 가져오는지, 문제를 실질적으로 해결할 수 있는지 여부다.

이념의 자존심을 지키던 보수에서 현실을 작동시키는 보수로 이제 무게중심을 옮길 때다. 그러나 단순한 실용주의는 방향성을 잃기 쉽다. 보수는 실용을 선택하되, 질서·공정·책임이라는 핵심 가치에 기반한 가치 지향적 실용주의를 추구해야 한다. 이는 21세기 보수의 새로운 정체성이 될 수 있다.

2025년, 세 번째 부활을 위한 6단계 통합 실행 로드맵

2025년 대선 패배는 보수정당에 치명적 타격이었지만, 동시에 구조적 혁신을 위한 마지막 기회다. 부활은 구호가 아니라, 체계적 실행에서 시작되어야 한다. 지금 보수에게 필요한 것은 국민의 신뢰를 다시 얻을 수 있는 '작동하는 정당', '믿을 수 있는 조직'으로의 변모다.

과거 두 번의 부활을 분석한 결과, 성공한 경우는 모두 소통 혁신에서 시작해 인재 영입, 조직 문화 개선, 제도 개혁, 정책 개발을 거쳐 리더십 교체로 마무리하는 6단계를 체계적으로 밟았다. 순서를 바꾸면 같은 처방도 독이 된다. 각 단계는 이전 단계의 성공을 전제로 하며, 성급한 건너뛰기는 실패를 부른다.

이제 이 경험을 바탕으로 2025년부터 2028년까지 단계별 실행 계획을 수립한다. 이 과정에서 핵심 가치인 자유·책임·연대를 현대적으로 재해석하고 이를 바탕으로 정책 어젠다를 수립하여, 조직과 인적 혁신을 넘어 내용과 방향의 혁신까지 완성된 계획을 구현한다.

1단계, 책임과 소통
— 탄핵 과정을 낱낱이 기록하고 책임을 인정하는 것부터 시작하라

2025년 하반기부터 보수정당은 구체적이고 투명한 책임 인정으로 신뢰 회복에 나서야 한다. 변명보다는 고백이, 회피보다는 직면이 변화의 출발점이다. 단순히 "죄송하다"고 말하는 것이 아니라, 비상계엄 선포부터 탄핵에 이르는 전 과정을 시간 순서대로 기록하고, 각 단계에서 당이 무엇을 잘못했는지를 구체적으로 밝혀야 한다.

2025년 9월부터 당 대표와 최고위원들이 직접 전국 순회 사과에 나선다. 2004년 박근혜가 천막당사에서 보여준 것처럼, 말이 아니라 행동으로 변화 의지를 보여야 한다. 호화로운 당사 대신 임시 컨테이너 사무실에서 3개월간 업무를 보고, 최고위원들이 매주 시장 골목에서 직접 국민과 만나는 '민심 청취의 날'을 운영한다.

10월부터는 디지털 소통 체계를 전면 개편한다. 20~30대 디지털 인재 10명으로 구성된 디지털소통팀을 가동해 온라인 전략과 콘텐츠 제작의 컨트롤타워로 삼는다. 당 대표가 직접 SNS를 운영하고, 당원들과 정기적으로 타운홀 미팅을 갖는다. 소통이 개선되지 않으면 아무리 좋은 정책이나 인재가 있어도 국민에게 전달되지 않는다. 1단계 없이는 그 어떤 단계도 성공할 수 없다.

2단계, 인재 융합
— 기득권을 과감하게 비우고
　세대 간 시너지를 통해 '강한 보수'로 거듭나다

2025년 12월, 당은 '세대교체'가 아니라 '세대 융합'이라는 기조 아래 본격적인 인재 혁신을 시작한다. 1단계에서 되찾은 국민적 관심을 발판으로 삼아, 기성세대가 지닌 정치적 경험과 신세대가 보유한 혁신 역량을 한데 엮어 '강한 보수'의 토대를 다지는 것이 핵심이다.

변화의 출발점은 1월에 출범할 '보수미래리더십아카데미'다. 전국에서 선발된 30명의 유망주들은 6개월 동안 주말 집중과정을 거치며, 첫 두 달은 보수 정치철학과 정책 이론을, 다음 두 달은 디지털 소통과 캠페인 실무를, 마지막 두 달은 해외 벤치마킹과 국내 인턴십을 경험한다. 이 과정 전반에 원로 정치인과 각 분야 전문가가 멘토로 참여해 세대 간 지혜 교류를 제도화하며, 아카데미가 성과를 입증하면 다음 해부터 선발 인원을 50명으로 확대해 전국적인 인재 풀을 구축한다.

인사 기준 역시 '경험 존중 + 미래 가속'이라는 투트랙 원칙으로 재설계된다. 당 지도부는 전략이 필요한 직책에 기성 리더의 노련함을 살리되, 최고위원 절반 가까이 40대 이하로 선임해 젊은 감각을 제도화한다. 차기 총선에서는 청년·여성 후보 비율을 각각 30% 이상 보장하고, 지역위원장의 70%를 정치 경력 10년 이하의 신인으로 단계적으로 교체한다. 동시에 AI·블록체인·바이오 등 미래 산업 현장에서 뛰는 전문가들을 정책위 부위원장급으로 직접 영입해 의제 선점 능력을 끌어올린다.

물론 변화에 대한 저항은 불가피하다. 이를 무마하기 위해 당은 신설 보직—예컨대 디지털혁신위원장, 청년정책특보 같은 자리—에 신세대 인재를 먼저 배치해 '파일럿' 형태로 성과를 입증하도록 하고, 이후 성과가 확인되면 기존 요직으로 영향력을 확산시키는 연착륙 방식을 택한다. 동시에 기성 인사에게는 멘토링·자문 등 새로운 역할을 부여해 영향력은 유지하면서도 조직이 신진 에너지로 순환하도록 설계한다.

이러한 구조적 융합은 세 가지 효과를 노린다. 첫째, 세대 간 지식·네트워크가 상호 전수되는 다층형 리더십 파이프라인이 형성돼 당의 지속 가능성을 담보한다. 둘째, '쇄신 쇼'가 아니라 협력 서사를 전면에 내세움으로써 내부 반발과 외부 불신을 동시에 최소화하고, 중도·청년층의 호응을 이끌어낸다. 셋째, 첨단 산업 인재들이 정책·캠페인 현장에 즉시 투입되면서 보수가 미래 담론을 선도하는 효과를 거둘 수 있다.

결국 이 단계의 요체는 자리를 빼앗는 '제로섬' 게임이 아니라, 가치와 역량이 교차하는 '플러스섬' 전략이다. 경륜과 혁신이 손을 맞잡을 때, 보수는 더 이상 고인 물이 아니라 끊임없이 흐르는 강이 될 것이다.

3단계, 조직 문화 개선
— 수직적 명령 체계를
수평적 토론 문화로 바꾸어야 한다

2026년 상반기부터는 당 운영 방식을 근본적으로 뒤집어야 한다. 핵심은 '당원이 관찰자가 아니라 주인'이 되는 구조를 만드는 일이다. 이를 위해선 먼저 윤리적 안전장치를 촘촘히 세워야 한다. 당 윤리위원회의 완전한 독립성과 처벌 강화, 공직 후보자 윤리검증 제도는 2016년 국정농단과 2024년 비상계엄이 남긴 교훈이다. 한 사람의 일탈이 보수 전체를 무너뜨리지 못하도록, 제도적 방파제를 확실히 구축해야 한다.

패배를 학습 기회로 전환하는 시스템도 필수다. 선거 직후 외부 전문가가 포함된 '선거평가위원회'를 즉시 가동해 패인을 공개 진단하고, 결과를 전 당원과 공유한다. 책임 공방에 시간을 낭비하기보다, 패배의 교훈을 빠르게 흡수해 다음 승리의 발판으로 삼는 문화를 정착시킨다.

결정 구조도 하향식에서 상향식으로 전환한다. 매월 권역별 당원 타운홀을 열고, 주요 정책은 온라인 당원투표를 거치며, 예산 집행 내역을 실시간으로 공개한다. 지역위원장 직선제를 전면 도입하고, 최고위원·정책위의장·사무총장 선출까지 당원 참여를 확대한다. 이를 뒷받침할 디지털 플랫폼 '당원 아고라'를 구축해 언제든 정책을 제안·토론할 수 있게 한다.

이 모든 변화는 2단계에서 영입된 30-40대 정치인과 외부 전문가들이 선도해야 한다. 그들이 새로운 소통 방식을 실험하고 성과를 입증해야만, 기존 조직도 자연스럽게 따라온다. 조직 문화가 바뀌지 않은 상태에서 제도만 바꾸면 형식적 혁신에 그치기 쉽다. 문화 혁신을 주도할 새 인재들이 실질적 변화를 증명할 때, 보수정당은 진짜로 '수평적 토론 문화' 위에 다시 서게 된다.

4단계, 제도 개혁
— 공천권을 당원과 지역민에게 돌려주어야 한다

2026년 6월 지방선거는 이 제도 개혁의 '파일럿 무대'다. 시·도지사·기초단체장·의원 후보를 뽑을 때부터 ① 공천 신청 전 과정 온라인 공개, ② 지역 당원 50% + 무작위 선정 지역민 50% 토론회, ③ 정책 역량·시민 만족도 평가 반영, ④ 실시간 중계, 그리고 '지역민 평가단'(300명) 결과 30% 이상 반영 원칙을 그대로 적용한다. 지방선거는 전국적 관심이 집중된 총선·대선보다 이해당사자가 분산돼 있어 제도 실험에 적합하므로, 여기서 얻은 데이터와 교훈을 하반기 국회의원 후보 선발 시스템에 즉시 이식해 완성도를 높일 것이다.

이러한 실험 결과를 토대로 2026년 하반기부터는 제도적 변화에 집중한다. 권력의 원천을 국민에게 되돌려주는 것이 진정한 보수다. 조직 문화가 충분히 민주화된 후에야 공천 제도의 투명화가 가능하다. 기존의 밀실 공천을 완전히 폐지하고, 당원과 지역민이 직접 후보를 검증하고 선택하는 시스템을 구축해야 한다.

공천 신청자의 모든 이력과 공약을 온라인에 공개하고, 지역 당원 50%와 일반 시민 50%가 참여하는 공개 토론회를 개최한다. AI 기반 정책 역량 평가와 시민 만족도 조사 결과를 반영하고, 최종 후보 선정 과정을 실시간 중계한다. 특히 중요한 것은 '지역민 평가단' 제도다. 각 지역구마다 무작위로 선발된 300명의 주민이 후보자들을 평가하고, 그 결과가 공천에 30% 이상 반영되도록 한다.

공천심사위원회 외부화를 통해 외부 인사를 50% 이상 포함하고 심사 전 과정을 온라인으로 생중계해 밀실 논란의 여지를 없앤다. 현역 의원은 3선 연속 뒤 1선을 의무 휴직하도록 하는 '안식년 룰'을 도입해 장기 독주를 차단하고 청년·신인 진입로를 확보한다. 핵심 당직은 최장 2년까지만 연임하고 이후 최소 1년간 다른 보직으로 이동하도록 해 계파 간 순환과 협업을 일상화한다.

공천권은 정치인들에게 가장 민감한 기득권이다. 하지만 앞선 3단계를 거쳐 조직이 충분히 개방되고 투명해진 후에는 공천 제도 개혁이 자연스럽게 받아들여진다. 당원들이 이미 참여적 의사결정에 익숙해지고, 새로운 인재들이 조직 내에서 충분한 영향력을 갖게 된 후에야 공천 제도 개혁이 실제로 작동할 수 있다.

5단계, 정책 개발
— 20-30대가 체감하는 미래 비전을
　구체적 정책으로 제시해야 한다

2027년 상반기부터는 정책 역량 강화에 집중한다. 목표는 과거를 복원하는 데 머무는 것이 아니라 미래를 창조하는 데 있다. 이를 위해 보수의 핵심 가치인 질서·공정·책임을 21세기적 언어로 재해석하고, 이를 구체적 정책으로 구현해 국민 앞에 제시해야 한다. 핵심은 정책을 단순히 나열하는 데 그치지 않고, "왜 우리가 변해야 하는가"라는 이념적 명분을 뚜렷이 부여해 달라진 보수의 모습을 설득력 있게 보여 주는 것이다.

앞선 단계들을 통해 당의 신뢰성이 일정 부분 회복된 이후에야 이러한 비전이 진정성을 얻는다. 현실 감각이 강점인 보수의 특성을 살려, 특히 청년 세대가 당면한 주거·일자리·사회 안전망 등의 구체적 불안을 해소할 대안을 우선적으로 마련해야 한다. 그렇게 함으로써 보수가 변화의 당위성을 실천으로 증명하고, 국민에게 미래를 함께 설계하는 파트너로 인정받을 수 있을 것이다.

핵심은 '미래세대 자유 패키지'다. 결혼·출산 시 주택 우선 공급과 세제 혜택, AI 시대 맞춤형 직업 교육과 전직 지원, 스타트업 창업 시 규제 면제와 자금 지원, 자녀 교육비 세액 공제 100% 확대 등을 포괄하는 종합 정책이다. 단순히 '지원'하는 것이 아니라, '기회의 평등'을 보장하는 방향으로 설계해야 한다.

2007년의 '747 공약'처럼 구체적이고 측정 가능한 목표도 필요하다. '2030 청년 내집마련 50% 달성', '창업 성공률 20% 향상', 'AI 전환 교육 100만 명 수료' 같은 수치화된 약속을 해야 한다. 추상적 구호가 아니라 실행 가능한 로드맵을 보여줘야 신뢰를 얻는다.

21세기형 보수주의를 구현할 정책 패키지를 준비한다. 전통적인 성장 담론을 넘어, 디지털 전환, 복지개혁, 기후위기 대응, 주거 안정, 미래교육 등 삶의 질을 실질적으로 개선할 수 있는 비이념적 실용 정책들이 핵심이 된다. 여기서 중요한 것은 정책 개발 과정 자체의 투명성이다. 앞선 단계들을 통해 구축된 당원 참여 플랫폼과 전문가 네트워크를 활용해, 정책 기획부터 최종 결정까지 모든 과정을 공개해야 한다.

소통 채널이 열리고, 새로운 인재가 유입되고, 조직 문화가 바뀌고, 제도가 개선된 후에야 정책 개발의 질적 변화가 가능하다. 이전 단계들이 완성되지 않으면 아무리 좋은 정책을 만들어도 국민에게 전달되지 않거나, 당내에서 제대로 수용되지 않는다.

6단계, 리더십 교체
— 앞선 모든 변화를 제도화하고
새로운 지도부가 이를 이어갈 수 있게 해야 한다

2027년 하반기부터 2028년까지는 지속가능한 혁신 체계의 구축이 핵심이다. 개혁이 사람에 의존하지 않고 시스템에 의해 지속되어야 한다. 앞선 5단계의 성과가 새로운 지도부가 와도 계속 이어질 수 있도록 당헌과 당규에 명문화해야 한다.

당원 참여 의사결정 시스템을 당헌화하고, 공천 투명성 기준을 법제화하며, 정책 개발 과정을 표준화하고, 지도부 성과 평가와 자동 교체 시스템을 도입한다. 동시에 부정부패 및 권한남용 방지를 위한 내부 통제 장치를 제도화하여, 당 지도부의 윤리적 일탈을 사전에 차단하고 사후에 신속히 대응할 수 있는 체계를 구축한다. 이는 '보수는 그래선 안 된다'는 국민 기대에 부응하는 변화이며, 재발방지책으로서 필수적이다. '혁신 지속 위원회'를 상설 기구로 두고, 매년 당의 민주화 수준을 점검하고 개선 방안을 제시하도록 한다.

5년짜리 개혁 로드맵과 연차별 KPI를 당헌에 명시하고, 목표 미달 시 지도부가 자동 퇴진하도록 규정하면 변화는 제도 안에 고정된다. 새로운 지도부는 혁신의 성과를 계승하면서도, 자신만의 색깔을 더할 수 있는 토양을 갖게 된다.

리더십 교체는 이 모든 변화가 안정적으로 정착된 후에 자연스럽게 이루어져야 한다. 차세대 리더의 전면 등장이 필요하다. 강력한 카리스마가 아니라, 집단 리더십을 조정하고 실용적 감각으로 정책을 설계하며, 국민과 디지털 기반으로 소통할 수 있는 새로운 인물이 당의 얼굴이 되어야 한다.

함께 미래를 열어가자

2025년의 쓰라린 패배는 끝이 아니라 '리셋 버튼'이었다. 질서·공정·책임이라는 보수의 고유 가치는 여전히 빛을 잃지 않았지만, 그 가치를 구현하는 방식은 시대에 맞게 새로워져야 한다. 진짜 변화는 명확한 로드맵과 책임 체계에서 출발한다. 디지털 플랫폼과 SNS 전담팀으로 소통을 혁신하고, 공개 경로를 통해 청년과 전문가를 끌어들이며, 갈등조정위원회 같은 집단 리더십 장치를 통해 조직문화를 바꿔야 한다.

이어서 투명한 공천으로 제도적 신뢰를 확보하고, 데이터 기반 정책 R&D로 혁신 의제를 쌓아 올리며, 마지막으로 성과와 역량에 기초한 새로운 리더십을 세울 때 비로소 여섯 단계 개혁의 순환 고리가 완성된다. 한 단계를 건너뛰면 모든 노력이 공허해지므로 '순서' 자체가 성공을 좌우한다는 사실을 잊어서는 안 된다.

변화는 참여 없이는 불가능하다. 각 혁신 과제별 전담 조직이 구성되면, 당원은 지역 당협에서 갈등조정위원회 설치나 청년 공천 확대 같은 구체적 혁신안을 논의하고, 해당 TF와 위원회에 적극 참여해야 한다. 청년은 '보수미래리더십아카데미'를 만들어 세대 교체의 동력을 직접 키우고, 전문가들은 정책 혁신 아이디어와 데이터 분석 결과를 당 혁신위원회에 제안하며, 시민은 투명한 공천과 책임 정치를 요구하는 목소리를 SNS에 확산해야 한다. 이런 실천이 윤리적 혁신과 이념적 재정립과 함께 쌓여야만 집단 리더십, 투명 공천, 디지털 전략, 청년 중심 변화, 계파 갈등 극복이라는 다섯 가지 실행 프레임이 현실에 뿌리를 내린다.

혁신의 진정성은 숫자로 증명된다. 연도별 목표 달성률과 18·34세 청년층 지지율 변화, 내부 분쟁·징계 건수로 측정하는 계파 갈등 감소율, 공약이 실제 입법·행정으로 이어진 비율 같은 객관적 지표가 바로 그 증거다. 2026년 지방선거에서 변화의 첫 성과를 보여주고, 2028년 총선 전에는 '신뢰의 임계점'을 돌파한다면, 우리는 다시 한 번 불사조처럼 날아오를 수 있다.

    두려워할 이유는 없다. 우리는 이미 새로운 시대에 걸맞은 보수의 설계도를 손에 쥐고 있다. 남은 것은 실행뿐이다. 당원, 청년, 전문가, 시민—각자의 자리에서 내디딘 한 걸음과 한마디가 21세기 보수 부활의 첫 페이지를 써 내려갈 것이다. 지금 이 순간부터 변화는 시작된다. 당신의 참여와 용기가 내일의 승리를 만든다. 함께 미래를 열어가자.

이기는 보수

에필로그

다시 이기는 보수

28년의 긴 여정이 끝나가고 있다. 승리와 패배, 영광과 좌절을 오가며 한국 보수정당이 걸어온 길을 되돌아보니, 한 가지 분명한 진실이 보인다. 지금까지 너무 많은 시간을 과거에 머물며 보냈다는 것이다. 성공했던 순간의 기억에 취해 같은 방식을 반복하려 했고, 실패했을 때는 그 원인을 외부로 돌리며 본질적 변화를 회피해왔다.

이제는 분명히 말해야 한다. 다시 박근혜로 돌아가자는 것이 아니다. 다시 이명박으로 돌아가자는 것도 아니다. 과거의 성공 공식을 그대로 복사해서는 미래를 열 수 없다. 2007년의 실용주의도, 2012년의 따뜻한 보수도 그 시대의 산물이었다. 시대가 바뀌었는데 같은 옷을 입고 나타날 수는 없다. 그런 방식은 보수정당의 방식이 아니다.

진정한 보수의 방식은 무엇인가? 그것은 변하지 않는 가치를 변화하는 시대에 맞게 구현하는 것이다. 질서와 책임, 자유와 공정이라는 보수의 핵심 가치는 영원하다. 하지만 그 가치를 실현하는 방법은 시대와 함께 진화해야 한다. 21세기의 질서는 20세기의 질서와 다르고, 디지털 시대의 자유는 아날로그 시대의 자유와 다르다. 보수는 과거를 박제하는 세력이 아니라, 영원한 가치를 새로운 시대에 맞게 번역하는 세력이어야 한다.

그래서 지금 필요한 것은 복고가 아니라 혁신이다. 과거의 영광을 그리워하는 것이 아니라, 미래의 승리를 설계하는 것이다. 강력한 개인에 의존하는 카리스마 정치가 아니라, 시스템과 원칙이 작동하는 제도 정치여야 한다. 밀실에서 결정되는 불투명한 정치가 아니라, 국민 앞에서 검증받는 투명한 정치여야 한다. 기득권을 지키는 수구적 보수가 아니라, 모든 국민에게 기회를 주는 진보적 보수여야 한다.

이것이 바로 21세기 보수정당이 가야 할 길이다. 우리는 더 이상 과거의 성공에 기대어 살 수 없다. 새로운 시대는 새로운 보수를 요구하고 있다. 청년들이 꿈꿀 수 있는 보수, 여성들이 신뢰할 수 있는 보수, 중산층이 지지할 수 있는 보수. 그런 보수정당을 만들어야 한다.

변화는 이미 시작되었다. 계파 갈등을 넘어선 통합의 정치, 청년 세대가 주도하는 미래의 정치, 디지털로 소통하는 열린 정치. 이 모든 것이 우리 앞에 놓인 과제다. 쉽지 않은 길이다. 때로는 좌절하고 포기하고 싶을 때도 있을 것이다. 하지만 우리에게는 희망이 있다. 두 번의 극적인 부활을 이뤄낸 경험이 있고, 그 과정에서 축적된 지혜가 있다.

무엇보다 우리에게는 시간이 있다. 2025년의 패배가 끝이 아니라 새로운 시작이라는 것을 안다면, 우리는 충분히 준비할 수 있다. 5년이라는 시간 동안 우리는 완전히 새로운 정당으로 거듭날 수 있다. 과거의 관성을 버리고, 미래의 가능성을 품은 정당으로 말이다.

정치는 결국 희망의 업이다. 국민에게 더 나은 내일을 약속하고, 그 약속을 지키기 위해 노력하는 것이 정치의 본질이다. 보수정당도 마찬가지다. 우리는 국민에게 희망을 주는 정당이 되어야 한다. 과거의 향수가 아니라 미래의 비전으로, 분열의 정치가 아니라 통합의 정치로, 특권의 수호가 아니라 기회의 확산으로 국민 앞에 서야 한다.

그 길 위에서 우리는 다시 이길 것이다. 2030년의 승리는 2007년이나 2012년의 승리와는 전혀 다른 승리가 될 것이다. 그것은 과거로의 회귀가 아니라 미래로의 도약이 될 것이고, 개인의 카리스마가 아니라 집단의 지혜가 만들어낸 승리가 될 것이며, 일시적인 성공이 아니라 지속 가능한 변화의 시작이 될 것이다.

우리의 여정은 아직 끝나지 않았다. 아니, 이제야 진짜 시작이다. 28년의 경험을 바탕으로, 새로운 28년을 설계할 시간이다. 불사조는 같은 모습으로 되살아나지 않는다. 더 아름답고, 더 강하고, 더 지혜로운 모습으로 하늘을 날아오른다. 우리도 그런 불사조가 되어야 한다.

다시 이기는 보수. 그것은 단순한 선거 승리를 의미하지 않는다. 그것은 국민의 마음을 다시 얻는 것이고, 시대의 신뢰를 다시 받는 것이며, 역사의 주역으로 다시 서는 것이다. 그 길은 멀고 험하지만, 우리는 걸어갈 것이다. 함께, 그리고 끝까지.

이기는 보수

28년 성패를 꿰뚫는 보수 혁신 로드맵

초판2쇄발행	2025년 8월 2일
저자	조정훈
펴낸이	임채원
편집감수	최병현
디자인	전태규
출판등록	2025년 2월 3일 제2025-000027호
주소	서울시 마포구 어울마당로 130, 기린빌딩 3층 3889호
문의메일	theredcamp.win@gmail.com

ISBN : 979-11-991531-2-7